ベテラン社労士が教える！

人に困らない会社は「○○」を知っている

社会保険労務士
藤本静代

カナリアコミュニケーションズ

INDEX

Chapter 1

2
Chapter

3

Chapter

INDEX

INDEX

4 Chapter

5 Chapter

Prologue

本書を手にしていただいたみなさまの多くは、すでに社会保険労務士（以下、社労士）という職業を知っていて、仕事の中身も概ねご理解いただいていることと思います。人事や総務をご担当されている方であれば、「労働保険や社会保険に関する書類の作成や提出を代行してくれる人」といったところでしょうか。これが社長さんとなると、「人に関しての悩みや考えを聞き、アドバイスをくれる相手（パートナー）」という答えが返ってくるのかも知れません。

これらはいずれも、社労士の仕事です。労働保険や社会保険の手続きを代行するのが1号業務、就業規則や賃金台帳といった帳簿書類を作成するのが2号業務、そして人事や労務に関するコンサルティングを行うのが3号業務で、これらはいずれも社労士にしかできない独占業務です。かつて社労士といえば1号業務のイメージが強かったのですが、近年ではむしろ3号業務、つまりコンサルティングを行う機会が増えた感覚があります。1週間を振り返っても、パソコンで書類を作成する時間よりも、契約先の会社で社長さんと話す時間の方が長いということもめずらしくありません。

社長さんとはいろんな話をしますが、悩みや課題、今考えていることの中身は「人」である場合がほとんどです。人がいない、育たない、良好な関係を保てない、辞めるときにトラブルが起こる…何かしら原因があるから問題が生じるのですが、本書のタイトル通り、ずっと人で困っている会社もあれば、上手に人を集めて育てている会社もあるというのが実状です。では、双方の会社はどこが違うのか。そんな質問について考えていたことが、本書を出版するきっかけといえます。

さて、本書を読み進めていただく前に、筆者である私の自己紹介をさせていただきたいと思います。少々お付き合いください。

私は幼い頃から引っ越しが多く、地元と呼べる土地への意識もないままに育ちました。大学進学を機に、神戸で一人暮らしをスタート。そんな学生時代に、ふと立ち寄った書店で手にした社労士の本がきっかけとなって、この職業を選びました。これから自分が社会人として働く上で、法律ではどうなっているのかということが知りたいという「探究心」が社労士という職業への興味につながっていったのです。

そうして大学卒業後は社労士事務所へ就職し、実務経験を積みながら国家試験に挑戦し、やっとの思いで合格。それから労務管理を経験するために民間企業にも勤め、30歳で独立・開業しました。

先述の通り、地元での開業という点に執着がなかった私は、結婚と同時に加古川市内に新居と事務所を構えました。こうなると、契約先どころか知り合いもいない状態でのスタートとなり、まずは仲間づくりに奔走することに。そこで出会ったのが、商工会議所青年部に所属する同世代の経営者です。

大事なことは本編に綴りますが、青年部の活動を通じて学んだのは「組織」のあり方と大切さです。何かの目的を達するために自分が動いても、現実の壁は厚く、成し遂げられずに挫折することもあります。しかし、これが組織で、複数人が動けば目的を成し遂げられるということがあるのです。これはまさに「会社経営」。人を動かすにはまず相手の心を動かすこと、仕事を「与える／与えられる」の関係でなく「手伝う、協力する」という意識で関係を構築すること、そして自分の想いに心を重ねてくれる仲間の存在がいかに重要かということも、活動での様々なシーンで実感することができました。

そんな私が先日、大学の授業で登壇する機会を得ました。授業を聴講していた学生の反応は当初いまひとつなものでしたが、給与の話をした途端に姿勢が前のめりに変わりました。そして、授業後のアンケートには、数多くの「年金や健康保険のことなどをもっと知りたい」という回答が。これらは、私が学生時代に社労士を志すきっかけとなった「探究心」そのものであり、これを目の当たりにした私は、社労士として「もっと多くの人に、自分が知っていることを伝えなければ」との使命感に目覚めたのです。

本書は、社労士である私が最もお役立てできるであろう「人」の問題を主題として綴りました。専門家らしい実用書ではなく、社長さんや人事・労務の担当者が気軽にページを開いていただけるよう、読み物としてまとめています。「もっと詳しく知りたい」「話を聞いて欲しい」という読者のみなさまは、ぜひご一報いただければ幸いです。そして本書が、ひとりでも多くの方にとって、人に関する悩みや課題を解決できる一書となればこれ以上の幸福はありません。

令和元年9月

藤本静代

1

Chapter 1

あの会社は「いい人の見つけ方」を知っている！

少子化の加速、ダイバーシティに対応した働き方の選択肢拡大、特定の業種に対するネガティブイメージの浸透･･･ 現代社会を見ると、会社に人が集まらない要因がいくつも存在しています。そしてこの状況が続けば、もちろんいい人、つまり必要な人材もなかなか見つけられません。しかし、そうした中で人が集まり、人材発掘・獲得に成功している会社があることも事実。こうした会社は、何がどう違うのかについて見ていくことにしましょう。

「ハローワークに求人票を出す」効果

人がいない。そんな状況を打開するには、まず求人を行うことでしょう。最近では無料を謳う求人情報検索サイトのテレビCMが頻繁に放送されていますが、そうしたインターネット上のメディアや広告だけでなく、昔からある新聞折り込みや雑誌、フリーペーパーの記事、ハローワークで扱われる求人票の作成、店先での張り紙といったものも立派な求人活動です。

そうした求人活動の中で社労士は、ハローワークの求人票について作成代行を行います。みなさんご存じの通り、ハローワークは厚生労働省が設置する行政機関であり、求人票の作成自体は費用がかかりません。しかしながら、労働時間や日数、社会保険の有無といった労働条件は法律に則ってチェックされるため、「求人票をつくりたくてもつくれない」という企業も少なからず出てきます。こうした部分は社労士が作成代行をしても解決できるものではありませんから、よく条件を見直す必要が生じます。私としては、こうした労働条件でチェックされ、是正を求められるような企業であれば、その通りに修正し、改めて従業員の労働環境について検証していくことをお勧めしています。

また、社長さんから「ハローワークに求人票を出しても効果がない」という話もよく聞きます。これについては効果を保証することはできませんが、今は民間の職業紹介会社がハローワークと連携しているので、以前よりは広く情報発信ができていきます。私としては国が用意した無料の求人ツールと捉えて、労働条件が国の法律に則ったものになっているかをチェックしつつ、ご活用いただければと考えています。

社長さんともなれば、長年「ハローワークに行っていない」「求人票を見ていない」という方が多いのかもしれません。そんな社長さんに私が話すのは、求職者の目線です。全体的に見れば、労働力は完全に売り手市場であり、求職者は条件の細かな部分まで見ています。給与や賞与、手当といった収入を左右する条件はもとより、就業時間、休日、休暇制度、残業、福利厚生などについても、社長さんや担当者が想像する以上に、会社の魅力となり得るのです。

あとは、人が動くタイミングを見極めることも大切です。業種によって違いはありますが、概ね初夏から8月にかけては求職者の動きが鈍く、求人の応募数も落ち込むものです。一方、年が明けてから春に向かう時期には、求職者の動きも活発になります。会社にとっては、人手がすぐに欲しいから求人活動を行うわけですが、長期的な視野で採用していくようにすれば、結果的に費用や手間も効率化できるかもしれません。

事例
01

モデル給与を明記する

電気工事業を行うA社では、現場作業に携わるスタッフを募集していました。資格の有無、経験の度合いによって給与が変わるため、求人票には幅を持たせて金額を記載していたものの、求職者から「わかりにくい」と言われることも少なくなく、応募数も伸び悩んでいました。

そこで知り合いの社労士に相談したところ、「○歳くらいで、有資格者で、△年くらいの経験がある、と条件を仮定したモデルケースを設定したらどうか」とアドバイスがあり、求人票にもモデル給与額を明記したところ、応募数が増加。求職者からは「以前は『これくらいしかもらえないだろう』と最低金額をチェックしていたが、自身がモデル給与額の条件に近いこともあって、『一度話を聞いてみよう』と思った」との声が聞かれました。

求人票を見直してみる

ハローワークを使った求人活動で成果を出すカギは「求人票」です。記載できる項目はあらかじめ決まっているものの、会社ごとに求人票を見比べてみると、書き方や表現の違いを見ることができます。ハローワークを訪れた求職者は、自分が希望する条件で情報を検索して求人票を見つけます。そして、求人票を見て、「この会社で働きたい」と思ったら実際に応募というアクションを起こすわけです。つまり、求人票に記載する項目一つ一つが、アクションを動機づける要素となりますから、求職者目線で細部まで見直し、工夫することが大切です。

さらに求人票を出すということは、会社にとっても「法律に則った労働条件になっているか」を確認することにもなります。また、ハローワークを利用して求人活動を行っていることが条件となっている助成金もあるのです。そう考えれば、求人広告だけでなく、社労士とも相談しながら求人票をつくり、ハローワークを積極的に活用してみるべきでしょう。

面接官こそ「見られている側」の意識を

いろいろな方法で求人情報を発信し、運良く応募があれば、会社としてはなるべく早期に面接を行うことになります。かつて人手に余裕があり、多数の応募があった時代には「多数の応募者から数人を選考して採用する面接」が当たり前だったと思いますが、今は「採用を前提として、特筆すべき問題点がないかをチェックする面接」がほとんどでしょう。

　こうした状況は、応募する側もある程度は理解しています。入社の動機や希望する仕事の内容といった定番の質問には、回答できるよう準備して臨む応募者も少なくなく、いわゆる理想通りの内容で丁寧な返答があります。その上で、希望条件や不明瞭な点への質問もきちんと行い、納得した上で入社するという方が増えているのではないでしょうか。さらに応募者は面接官の挙動や雰囲気をじっと見て、入社するかどうかを判断する材料にしているということもあるでしょう。面接官は「応募者も面接官を見て、会社を選んでいる」ということを意識して接するべきでしょう。

　ただ、採用が前提だからといって、応募者を必要以上に気遣って「聞くべき質問ができない」「回答に対して、あまり突っ込んだ質問をしない」ということが起こらないようにするべきです。これは結果的に入社辞退を回避できたとしても、ミスマッチであることを入社後に気付くということになりかねず、お互いが「失敗した」と感じてしまう状態に陥りかねないからです。人を採用するための時間と労力を割いているからには、本当に必要な人材を獲得できるよう応募者と向き合い、できる限りコミュニケーションを取るべきでしょう。

もうひとつ、私がよくアドバイスをするのは、求人票に載っていないが、理解して欲しい内容についてはしっかり応募者へ伝えるということです。例えば会社の理念だったり、社風だったりというものです。面接する側が会社または仕事への熱い想いを語りながら、応募者が「この会社で働きたい」と心が動くかどうかをつかむのも、面接では大切な要素といえます。また、仕事内容を具体的にイメージできるよう、「パソコンの○○というソフトが使えますか」「△△といった業務の経験はありますか」といった質問も効果的です。

一方で、面接では口にしてはいけないこともあります。それは差別的な言葉や表現、従業員を含めた個人情報に関する事柄です。例えばパート従業員の採用で、扶養の有無について聞くことは必要かも知れませんが、世帯収入や同居する家族の職業は仕事と無関係です。相手のことを知るのは大切ですが、質問する内容については、事前に検討をして臨むのが大切です。

こうして面接を終えると、会社としては選考をして結果を通知することになります。選考～通知までの期間は「あまりにも日数が短いと、きちんと選考していないイメージにつながるのでは」という声も聞きますが、私は早ければ早いほどいいと考えます。なぜなら、採用は早い者勝ちだからです。2、3日経ってから連絡をしたら「ほかの会社に決まりました」という話もめずらしくありませんから、とにかく早めに結論を出し、本人に伝えましょう。

事例 02

「応募者からの質問に答える」面接

製造業のG社は慢性的な人手不足状態が続いており、思い切って有料の求人広告を出稿。その甲斐あって、3名の応募がありました。面接に際しては、社長が面接官役の人事担当者を呼んで、「大きな問題がなければ基本的に採用」の方向で選考してほしい旨を伝えました。そうとはいえ、「この会社で働きたい」という意思は確認しておきたいと考えた担当者は、応募者に質問させるスタイルの面接を実施。実際に基本的な事柄について聞いた後で、「何か質問はありますか?」と一律に質問をするよう促していきました。

このスタイルは、応募者がいかに会社へ関心を持っているかを計る点で役立ちました。ある人は「とくにありません」といい、またある人は給与や勤務時間、待遇など細かく質問をしたのです。質問が多いというのはネガティブに捉えられがちですが、実際は働く意思ゆえの質問であり、その方の質問はまるで打ち合わせをするような感覚だったそうです。もちろん、必要以上に遠慮をして質問しない方もいるため一概に判断できませんが、こうした面接もひとつの方法として参考になる例といえるでしょう。

確実性がある「リファーラル採用」

最近注目を集めている採用方法として「リファーラル採用」というものがあります。言葉の通り、もともと人間関係がある方からの紹介・推薦で採用するというものですが、以前はデメリット部分（採用に失敗すると紹介・推薦者にキズがつく、似たような人を雇用してしまう可能性が高いなど）が目立っていたこともあり、一般的な求人方法と比べてもあまり注目されていませんでした。

しかし今は、求人コストの増加や慢性的な人手不足状態に陥っている中で、リファーラル採用のメリットである確実性の高さが際立っているということがあります。また、以前と比べてFacebookやTwitter、Instagram、LINEといったSNSの利用が増え、「顔を合わせなくても、日常的にやり取りする」

人が増えました。これによって会社の従業員でも「誰かを紹介して欲しい」と依頼すれば、これまで以上に紹介が得られる可能性が高まっているといえるでしょう。

また、これを逆説的にいえば、それでも紹介が出ないとなれば、もしかしたら従業員にとって、今の会社の環境が「勧められるだけ良いと思っていない」といえるかも知れません。会社として、本気でリファーラル採用に取り組むのであれば、協力してくれる従業員と社長さん、人事担当者が一緒になって「人に勧めたい会社とは？」「どうすれば働きたくなる会社になるか？」を話し合ってみるというもの良策でしょう。

いずれにしても、リファーラル採用はこれからの時代にはマッチした手法だと私自身も考えています。求人広告やハローワークでの求人に加えて、こうした方法もぜひ取り入れてみてはいかがでしょうか。

「試用期間は従業員でない」は間違い

ここまで求人、面接と綴ってきましたが、ここまでに優秀な人材との出会いがあれば、採用通知を出し、本人の合意を得て入社となります。新卒や未経験者である場合を除いては、すぐに他の従業員と同様に働いていくことになりますが、会社によっては「試用期間」を設定していることもあります。

試用期間については、法律で期間や待遇を決めていることはないため、会社が判断します。基本的には就業に関わるルールであるため、就業規則に期間や賃金についての詳細を記載している会社がほとんどですが、よく問題になるのは「試用期間は従業員ではない」という思い込みです。

とくに社長さんが、試用期間＝お試しと勝手に解釈し、従業員のような保険や福利厚生は必要ないと思い込んでいるケースは少なくなく、私も耳にする度にそうではないと指摘をしています。たとえ試用期間中であっても、働くとなれば従業員であり、加入条件を満たす形で働くなら保険が必要となります。休暇制度や福利厚生についても、試用期間後と多少の違いや制限があっても、まったく利用できないというのはおかしな話なのです。

もうひとつ、試用期間というのは働く側にとっても試す期間です。実際に、試用期間が長い会社であれば、期間中または期間の終了直後に従業員が退職するということはよくある話。「雇ったからもう人手は大丈夫」と安心するのはまだ早いといえるでしょう。つまり、試用期間の長さは、退職リスクを高めることにもつながりますから、期間が適正かどうかは見直すべき点なのかも知れません。

ちなみに試用期間として多いのは2～3カ月の設定ですが、「もう少し様子を見たい」と個別に判断して延長することは可能です。会社と従業員、双方にミスマッチが起こらないよう、この期間を有意義に使っていただきたいと願うばかりです。

信用を生み、リスクを回避する雇用契約書

本書をお読みいただいているみなさんの多くは会社に勤務した経験をお持ちだと思いますが、どんな会社でも、入社時には膨大な数の書類をやり取りするのが一般的です。これら書類は必要だから作成し、労働契約を交わすわけですが、人事・総務をひとりの担当者がやっている、さらには社長さんが自ら作成しているという会社では、書類すら用意せず働かせてしまうケースもあるようです。

実際に書類を作成する方は「面倒だな」「どうせ今日からずっと働くのだから、後

日でいいだろう」と思われるかも知れません。ただ、雇用契約書などの書類を作成し、契約を交わすのは義務づけられており、やらないという選択肢はありません。また、働き始めた従業員にとっては、入社までの間に聞いた労働条件が本当に守られるかどうかを見定める大切な書類になります。たった1枚の書類が会社の信用を左右するという意識で取り組んでいただきたいものです。

加えて、雇用契約書は思わぬリスクを回避することにもつながります。昔ながらの感覚が抜けない社長さんには信じがたい話かも知れませんが、近年は従業員が労働条件に関する確認や不履行を裁判所で訴える、弁護士などの代理人を立てて争うといったこともめずらしくないのです。一方、従業員に過失があって懲戒や解雇をさせる際にも、雇用契約書がなければスムーズに行えない、といったことにもつながります。

雇用形態や業種にもよりますが、雇用契約書といっても、それほど記載する項目が多いわけではありません。ハローワークの求人票に記載の情報も活用しながら、基本的な事柄を埋めていくだけで作成が可能なのです。どうか後回しにせず、作成いただきたいと思います。

事例
03

労働条件の一時的な変更も丁寧に対応

物流業のT社では、募集していた求人情報に「土日が休み」「週休2日」と記載し、面接でも応募者にその旨を説明していました。その後、選考を進めている間に、新たな退職者が出てしまい、やむなく従業員は交代で休みを取ることに。その状態で、新たに従業員が入社しました。

当初の労働条件と異なる状況となってしまったために、T社の社長さんは雇用契約書の作成をためらいましたが、ここで社労士に相談。すると、「労働条件を変更せざるを得ない場合には、その理由や現状を丁寧に説明した上で、変更後の労働条件を明記した書面を提示して、同意をもらってください」というアドバイスを受けました。

その後、すぐに入社した従業員に事情を話し、同意を得ることができました。これによって会社は雇用契約を違反することなく、入社した従業員に理想通りの働きをしてもらうことができました。

働きたくなる会社とは

給与が高くて、自由に休みが取れて、残業もなく、好きな仕事ができる――そんな会社なら、人に困ることはないでしょう。しかし、現実は厳しく、どんな会社であっても求職者の要求をすべて満たすような余裕はありません。多くの社長さんは「働きたくなる会社にしたいが、余裕がない」というジレンマを抱えながら、それでも創意工夫を凝らして人を見つけ、育てているのです。

では、そうしたジレンマを抱えながらも奮闘し、人に困らない会社づくりをしている社長さんは、どこを重視しているのでしょうか。そのポイントを5つ挙げてみたいと思います。

①人事評価が明確な会社

従業員は会社のために働いて対価を得るものですが、人間ですから、がんばった分だけ評価されなければモチベーションも上がりません。その評価もただ褒める、表彰するというだけでなく、昇給や昇進といった具体性がなければならないでしょう。そうしたことは社長さんでもわかっていると思うのですが、中小企業では案外、社長さんの気まぐれやさじ加減で決めているということが少なくありません。ここが不明瞭だと、かえってそうした評価が従業員間の不平等感や不信を生み、結果的に人が離れていく要因となってしまいます。基準と評価内容をきちんと決めておき、全従業員で共有しておくことが大切でしょう。

②給与が適正な会社

いくら魅力的で働きやすい環境が整っているとしても、給与が低い会社で働きたいと思う人は少ないでしょう。同じ業種・職種で給与の差があまりにも大きい場合は是正が必要です。たとえ従業員から不満の声が上がっていないとしても、とくに社長さんはその給与で従業員が生計を立てているということを忘れてはなりません。

③風通しの良い社風の会社

ここでいう風通しの良さとは「自身の意見や意思を発しやすい」ということです。必要以上に気を遣わなければいけないような、ピリピリした空気感のなかで働くのは苦痛でしかありません。もちろん協調性を持つことは大切ですが、自らの意見や意思を発することができる雰囲気、また正しい意見が通る会社であるということは、働きやすさにもつながります。

④人への投資を惜しまない会社

近年はキャリアアップ助成金などの充実によって、会社で働きながら学び、資格を取るということもめずらしくなくなりました。しかし、中小企業では参加率がまだまだ低い感覚があります。従業員同士のコミュニケーションや管理職としてのリーダーシップ、長期的な視点で取得しておくべき資格なども含め、「学びたい」という従業員の想いに対して投資を惜しまないという会社の姿勢は、働きやすさや信頼感にも通じるものがあります。

⑤休暇や福利厚生の恩恵を受けやすい会社

複数の従業員を雇用する会社であれば、休暇や福利厚生といった制度があることでしょう。ただ、それらの制度を利用しづらい空気があるという会社はまだまだ多いようです。これらの制度をごく自然に利用し、リフレッシュして仕事に臨むことができるような会社こそ、働きたくなる会社ではないでしょうか。

トラブルの引き金になりやすい長時間労働

会社の規模や業種に関わらず、今でも度々トラブルの引き金となってきた長時間労働。この問題の前提としては、社長さん自身の価値観＝従業員の価値観と勝手に思い込んでいることにあると感じています。「目の前の仕事は、その日のうちに終わらせて当たり前」「まわりが休日出勤しているなら、自分も休日出勤して当たり前」など、ごく自然に考えれば違和感がある当たり前の押しつけがトラブルになるということに気づいていただきたいものです。

先ほどハローワークの求人票について書きましたが、1日8時間労働であれば、1年単位の変形労働時間制を採用していても、年間で105日の休日が必要です。これが週に1日しか休んでないとなればまったく足りない。そんな状況を目の当たりにしながら「そんなに休んだら会社が潰れる」という声も聞いています。でも、そんな声に対しては、工夫をして休日を確保し、それでも事業展開をしている会社のことを話します。できないことはない、そう思うのです。

厳しいことを言えば、昔ながらの調子で会社経営をしている社長さんが「休みなんか日曜だけでいい」といつまでも口にする限り、そんな会社に人は来ないし、残りません。まずは必要な休日の日数を確保し、従業員が気持ち良く働けるようにするところから、改善していきましょう。

もうひとつ、相談内容として増えているのが固定残業代（みなし残業代）について。端的にいうと一定の残業があることを想定して、残業時間を計算せずに固定額を給与に含めて支払うというものですが、実際は残業させ放題にしている会社があります。

残業と一口に言っても、就業時間内にやりきれない仕事をするための残業もあれば、残業代を稼ぐための生活残業というものもあります。解決策として、前者であれば業務の中身や分担について見直しをする、後者であれば残業を許可制にしている会社もあります。いずれにしても、どちらの残業であっても、それは会社にとってのムダであるということ。ムダならば放置せず、会社が帰るように促すべきでしょう。実際には時間をかけて改善していかなければならない会社もあるでしょうが、人に困らない会社をつくるために、残業をなくすという一歩を踏み出すべきでしょう。

人を採用するための助成金

人に困らない会社の特徴として、助成金を上手に活用しているという点も挙げられます。あらゆる業種で顕著となっている人手不足への対策として、厚生労働省は各種の助成金を用意しています。本書の発刊時点で、代表的なものを下記に挙げておきます。

■キャリアアップ助成金
■人材確保等支援助成金
■両立支援等助成金
■業務改善助成金
■時間外労働等改善助成金

■人材開発支援助成金
■特定求職者雇用開発助成金
■トライアル雇用助成金
■障害者雇用安定助成金
■65歳超雇用推進助成金
■地域雇用開発助成金
■通年雇用助成金

これら助成金は、同じ名前でもさまざまなケースを想定して設定（○○コースという名称）しており、利用しやすいようになっています。社労士としても、これら助成金は働く人にとってプラスになることから、利用できるものは積極的に利用するよう社長さんには話しています。最近申請が増えているのは、パートや有期雇用の契約社員として採用した方を、無期の正社員に転換するための助成金で、これは会社にとっても、従業員にとってもプラスになることは間違いありません。

こうした助成金については、イメージ以上にきちんとした就業環境でなければならないということで、とくに助成金を初めて申請するような会社であれば、申請の手続き以上に環境整備に労力を注ぐということもめずらしくありません。

なかには助成金を受給することをリスクと捉えている社長さんもいるようです。しかし私としては「助成金を受給できる会社＝就業環境や労働条件が適正な会社」とのポジティブなイメージにつながることを伝えるようにしています。周りに社労士がいれば、助成金についての相談もしながら、ぜひ申請してみることをおすすめします。

入社後も節目ごとにチェックを

どんなことでも共通していると思いますが、大きなトラブルが発生することを未然に防ぐためには、その前に起こる小さなトラブルを見逃さずに対処することが大切です。せっかく獲得した従業員、育て上げた従業員を失わないよう、節目ごとにチェックすることをおすすめします。

入社から順に見ていくと、まずは入社時の雇用契約や保険加入について、漏れや相違がないよう手続きを進めていきます。その中でわからないこと、判断に迷うようなことがあれば、うやむやにせず所管の行政機関や社労士に確認するようにしましょう。そして次は、1カ月後。初めて給与を支払う際も、それまでの勤務状況がどうか、現場で困っていることがないかを確認するひとつのタイミングになると思います。

ここまでは会社も注意して取り組むと思いますが、この後も節目ごとに現況をチェックし、必要に応じて改善していくことが全従業員また会社のためになります。これは会社によって異なる場合もありますが、具体的には、入社から6カ月後の賞与や有給休暇制度、1年後の昇給、さらに3年ほど経てばキャリアアップのための資格取得といった話が出てくるかもしれません。そして5年、10年と経過すれば、管理職としてリーダーシップを取るための研修を受けるということもあるでしょう。

これらのチェックも兼ねて、社長さんや経営幹部が従業員と1対1で話す機会を設け、じっくりと意見を聞くという会社も増えています。そこで出た現時点での問題点は速やかに改善に動き、今後の会社づくりのための意見はしっかりと受け止めるのです。ありがたいことに、そうした場に社労士である私が同席するよう依頼される社長さんもいます。

従業員にとっては、こうした場を設けている、聞く姿勢を持っているということが会社への信頼感を高めます。そして「この会社でずっと働きたい」との想いが社内に良い空気をつくり、それらが膨らんでいくことで、人に困らない良い会社へと進化していくのでしょう。

2

あの会社は「有益な人の育て方」を知っている！

Chapter2

　苦労して発掘し、何度も面接を重ねて獲得した人材なのに、期待したほどの成果を出さない、会社のやり方になじもうとしない、トラブルを引き起こしている・・・せっかく集まった人材なのに育たないと嘆く社長さんは少なくありません。採用した「人材」を会社の維持発展に貢献する有益な「人財」へと育てることに成功している会社が何に着目し、どのような行動を起こしているかを見ていきましょう。

《 獲得した「人材」を「人財」へ育てるために

1章では、従業員を確保するという視点でお話ししてきました。

やっと採用できた人材を、これからどうやって自分の会社にとって有益な「人財」へと育てていけば良いでしょうか。

何人か雇ったはいいけれど、なかなか自分の代わりになって動いてくれる人が育たない。営業とか事務とか、それぞれの業務はできても、会社全体を見ながら仕事を回していける人が見つからない。「使える人が育たなくて、結局自分ばかりしんどい」といろいろな社長さんが相談に来られます。

お悩みはよくわかりますが、嘆く前に少し考えてみてください。社長さん、「育たない」のではなくて、「育てていない」のではありませんか。

せっかく見つけてきた「人材」は、なんの加工も施されていない原石のようなものです。磨かずにそのまま放っておいては、会社を支えてくれるような「人財」には育ちません。

従業員は、育つのを待つのではなく、積極的に育てるのです。このとき、私の経験から申し上げると、人がうまく回っている会社の人材育成では、「個人」と「組織」というふたつの視点からアプローチしておられると感じています。

そして、最も重要な鍵を握るのが、経営者、つまり社長さん自身の行動です。

「10年先のビジョン」を共有する

後継者となるような人を育てたいという社長さんに伺います。

あなたは、どんな会社を目指すなかで、どのような業務の回りかたを求めておられるのでしょうか。

人材を育てたければ、従業員に対し、目指す会社の理想像を示さなければなりません。それが「ビジョン」です。社長さん自身が、会社が立ち上がった目的や企業価値、目指している将来像を示して従業員と共有する。人材育成はここからスタートします。

このとき重要なのが、10年先を見通したビジョンを共有することです。目先の現状維持や生き残りの話ではありません。成長や発展した将来像の共有です。

もちろん会社ですからお金は大事。稼ぐことや利益追求も重要です。拡販も新規開拓もコスト削減も大事な目標です。でもそれらが目的化してしまってはいけませんよね。掲げた目標の根本には、必ず社長さんの想いや期待する何かがあるはずです。集客や投資そのものが目的ではなく、こういう会社になるために行うのだという社長さんの想い。これがビジョンです。

伸びている会社の社長さんを見ていると、本当によく先を見て、自らが動いておられます。何年後にはきっとこんな世界が広がっているはず、だからここを目指したいんだと従業員に吹き込むように示し、繰り返し語り、一緒に目指そう共に走ろうと巻き込んでいきます。

そんな社長さんの熱量に巻き込まれ、全員が同じものを見て走っていくものですから、自然とメンバーの中で役割分担も協力体制もできてきます。よく動くスタッフはどんどん上に登ってきて取り回しを始めるし、下支えするスタッフもしっかり上を見て動きます。目指すビジョンが同じだから、みながそれぞれの得意を活かして動き始めます。

このあたりは、サッカーやバスケットボール、バレーボールなどの一流のスポーツチームが、戦略をしっかり共有して試合に望んだとき、メンバーを直接見なくても絶妙のポジションに回り込んでボールを受け継ぎ仕事を果たすという連携プレーに似ているかもしれません。

ただ、企業のビジョンですから、意識して欲しいのは、いま目の前の話ではなく10年先という未来です。10年先にはこんな会社を目指したいから、いまやるべきことはこれなのだと示して欲しいのです。

社長さんのビジョンは、従業員が一丸となって会社を広げていくためにいちばん重要な原点です。

では、会社という組織への想いを「ビジョン」という形で示すならば、組織を構成する個人への期待はどのような形で示せば良いでしょうか。

人がよく育っている会社の社長さんを見ていると、みなさん、従業員一人ひとりに対して目指して欲しい「人材像」を示しておられます。

大きくいえば「良い人材」とは、会社とお客様の両方に貢献する人間のことです。できる社長さんは、事業のビジョンを伝える中で、君にはこんな貢献をして欲しい、そのためにこのような職務に就いて欲しいと、目指す人材像を伝え、口説いています。

ここでも大事になってくるのが、目先のスキルの話ではなく数年先の理想像を語ることです。当然のことながら、会社ですからいますぐ利益を出さなければならないし、組織として行動する以上、いま覚えて守っていただくルールがあります。この軸も並行して示す必要があるのですが、むやみに稼げ、がんばれという前に示して欲しいのが、人材としての理想像です。

さきほどのスポーツチームでいえば、プレイヤー一人ひとりの理想像――オフェンスの先陣を切る切り込み隊長になって欲しいとか、ディフェンスの守護神として君臨して欲しいとか、司令塔としてどっしり構えてほしいとか、なって欲しいスタープレイヤーの理想を伝えるようなイメージでしょうか。

従業員の意識の中で自分の活躍する姿が描けたとき、社長さんの掲げたビジョンは、単なる夢ではなく実現に向けて大きく動き出すのです。

自ら伸びようとする「モチベーション」の上げ方がカギ

理想像を共有したら、次は具体的に育てていく働きかけが必要になります。

今の時代はスピード感が重要です。従業員をゼロから手取り足取り育てる余裕はありませんから、即戦力としてすぐに仕事ができるようにし、業務をこなしていく中で自ら学び育つしくみにする必要があります。

このときの人材育成のポイントは、従業員が本来持っている資質を伸ばすこと。そして自らの力で切り拓いて伸びるように仕向けるしかけです。

さきほど、組織への期待（ビジョン）と個人への期待（人材像）を意識させておく必要があるといったのは、従業員が自分で長所を伸ばしていくときに会社が目指す方向とずれないようにするためです。

一方で、そうしたアプローチの仕方は従業員に対し、期待と同時に負荷をかけることも事実です。なんだかんだと丸投げされているのではないか、放任されているのではないか、余計な仕事が増えるのではないかという警戒心が生まれます。

社長さんは、表面的に「自分で長所を伸ばせ」というだけでなく、従業員一人ひとりと具体的に関わって、資質を見出し、やる気を引き出していく役割を担っているのです。

その従業員が、どんな価値観を持ち、何の知識があり、どのようなことをしていきたいと考えているのか。そのためになにを必要としているのか。いってしまえば当たり前の話ですが、個人の資質を伸ばすには、一人ひとりとしっかり時間を持ち、対話する中で、その人が必要とすることを引き出していく必要があります。

今の人たちは知識も情報も豊富に持っているのですが、何でもある時代ですから、自分がどうしていきたいのかを言葉にできていない傾向があります。だから、うまく引き出せたらすごく伸びます。ただ、唐突に「さあ話せ」といっても話せるものではありません。社長さんの方から機会をつくって聞き出すという態度で接するのが良いでしょう。

従業員から何をしたいか、どんなことを必要とするかを引き出せたら、次にそれを実現させていく方法を一緒に考えていきます。

ここでのポイントは「一緒に考える」ところです。

自分ごととして腑に落ち、やろうという気になるために、まず自分で考えることが重要なのはもちろんなのですが、それと同じくらい、誰かが見ていてくれているというのも、大きなポイントになります。

理屈ではわかっていてもどうやったらいいかわからないという従業員が大半です。自分で見つけろといわれてしまうと仕事に対する不安が募る一方。だから、本人と一緒に考えるのです。何が不安なのかを一緒に整理し、一緒に答えを探します。

その中で、社長さんは自分のビジョンを語り、仕事の意味付けをし、仕事の魅力や面白さを引き出していくのです。

もし従業員から「そんな仕事に魅力を感じない」と言われてしまったら？　じゃあどうやったら魅力的になるのか、アイデアを出しあって一緒に考えようと誘ってみてください。否定されたらチャンスです。それをひっくり返す能動的なアクションを本人から引き出すことで、主体的に実行するのは従業員自身だと納得し、行動に移しやすくなります。

例えば、いらないことや無駄なことだと指摘されたら、新しいことに切り替える方向で一緒に考えてみる。若い従業員や入社したばかりの人の方が、固定観念にとらわれない大胆な発想も出てくると思います。そうした提案を柔軟に受け止め、必要があれば変化させるとの覚悟を会社のトップが示すことで、従業員は可能性を感じて、モチベーションが上がるのです。

また、逆に「いわれたことだけをやっていれば楽なのに」と後ろ向きになり、尻込みしている従業員にはどう対応すればよいでしょう。

繰り返し経営ビジョンや理想とするイメージを示し、共に成長していきたいのだという社長さんの想いをしっかり伝えてその気にさせていく必要があるのですが、どんなに誘っても動こうとしない従業員も中にはいると思います。

そのときには、会社という組織のトップとして「そこにいるだけの人」なら会社にとって必要ないと言い切るくらいの気持ちで接してもらいたいところです。

従業員に明確なビジョンを掲げた上で、その人がそのビジョンに沿って会社へ貢献できる能力を見つけ、アイデアを出せる場を与える。場当たり的なインセンティブとか、その場しのぎの提案やパフォーマンスは必要ありません。すぐに見破られてしまいます。

従業員とはいつでも真剣勝負。彼らが仕事をやらされていると感じないような、気持ちが前に向くアイデアを、一緒に考えていきましょう。

具体的な実行のアイデアが出たら、小さなことで良いので、すぐに結果を出せる実践の場を用意します。せっかく考えても形にならなければあっという間にやる気が削がれます。目に見える成果となって、やりとげたという自信を持つことが大事です。小さな成功体験を繰り返し、結果が積み上がる場をつくってあげます。

仕上げは、結果に対する評価です。良かったところを褒める。より良い方向へのヒントを出す。成果に対し感謝する。こうしたフィードバックがあると、しっかり見てくれている安心感と成果に対する自信から、仕事が楽しくなってきます。こうなればしめたもの。自分でどんどんやる気を出して、自ら伸びていく頼もしい人財になってくれます。

軌道に乗ったら仕事の積み上げについては管理職の方に後を託して良いでしょう。ただ、ときどきはフィードバックして、いつも見守っていることを伝えてあげてください。とくに感謝している、役立っているというコメントは、人間の承認欲求を満たす大きなポイントになり、モチベーションを引き上げて素晴らしい活躍を生んでくれる魔法の言葉ですから、恥ずかしがらずに声をかけることをおすすめします。

従業員たちが組織の中で育ち始めたあとの社長さんの役割は、労働条件などの環境整備と、人間関係からくるストレスの払拭といったところでしょうか。

この話については、次章で詳しく説明します。

« 管理職の育成がカナメ 「信じる」「任せる」「見守る」の原則

会社は個人の集合体です。社長さんは、どんなに家族的な運営だったとしても、会社というからには組織構造をもって人を雇っているのだと、会社が組織であることを意識しておく必要があります。

当たり前の話をしているように思われるかもしれませんが、これがなかなか、頭でわかっていても割り切ることができず、トラブルになる社長さんが多いのです。

組織体制のあり方については業務によっていろいろですからここで詳しく論じることはしませんが、利益を追求する企業の場合、たいてい社長さんをトップとする中央集権型で役割分担があるピラミッド型の組織ではないかと思います。

この中で、社長さんの意思決定を末端まで伝えていくのが管理職と呼ばれる人たちです。社長さんだけだと限界があるため、管理職の人たちが社長さんの代わりとなって、組織を動かしていきます。先程お話しした従業員の資質を伸ばすフォローも、長期的には管理職の人たちの役割になります。

つまり、組織の観点から会社を伸ばしていこうとするときは、管理職を育てることが、もうひとつの重要な柱になるのです。

管理職を育てるとはどういう意味かと思われたかもしれませんね。実際、仕事ができるのを見込んで管理職に抜擢したのだから後のことは本人に任せているといわれる社長さんも多くおられます。でも、本当にそれで良いのでしょうか。

名プレイヤーがすなわち名監督ではないことはよく知られています。営業畑ですごい実績があったからといって部下を育てる能力に長けているかというと、別問題ですよね。

管理職の人も不安なのです。新入りの従業員と同じように、管理職に抜擢した後は、社長さんの持つ経営ビジョンを示しながら、一緒に会社を支える管理職となるよう育てていく必要があります。組織として向かう先がわかり、一緒に考えようとしてくれる人がいれば、管理職というポジションに誇りを持ち、部下を育てる大切さも理解して、どんどん成長してくれます。

例えば、セミナーに参加してコーチング力を少し身につけるだけでも、管理職となったプレッシャーやストレスが減ったりするものです。やみくもにがんばれというのではなく、職場外での教育を上手に活用することをおすすめします。

管理職を育てるポイントですが、「信頼する」「任せる」「見守る」の三原則で覚えると良いでしょう。

まず管理職を「信頼する」。これは、その人の持っている資質を信じることで、どういうところに期待しているかを伝えます。どんな知識やノウハウを持って何ができると考え、どんな活躍を期待しているか。組織としてのビジョンと管理職としての理想像を示し、どうしていきたいかを一緒に考えていきます。

そして管理職に「任せる」。ビジョンを共有したら、主体的に学びの場を活用してもらいながら実践し、自信をつけてもらいます。

このとき勝手にどうぞというと一方的な押し付けにとられてしまいますから、職場外の教育研修も含めて知識や経験を仕入れる機会を与えるようにします。社外教育に助成金がつくものも多いので、積極的に利用するよう促すと良いでしょう。

そして、時々声をかけて、いま何を必要としているか、どんなことをしていきたいかを一緒に考えるようにしましょう。

管理職としての行動を「見守る」のです。従業員のやりとげた成果を評価するように、管理職の行動もしっかりとフィードバックしながら、いつも見守っていることを態度で示しましょう。感謝している、役立っているというコメントも、ぜひ忘れずに付け加えてあげてください。

ところで、管理職の場合の見守りについて、ひとつ社長さんにお願いしたいことがあります。

どうしても管理職としての負担が大きすぎる、管理職に向いていないと判断したときは、ためらわずポジションの移動を考えてあげてください。まずいなと思いつつアクションをおこさないのは放置しているのと同じことです。

この働きかけで大切なのは、評価には期待はずれという主観を入れないことです。降格ではなく適材適所の配置なのだと、本人のいちばん良い資質を伸ばすための客観的な処遇であることを強調し、会社としては新しい場での能力発揮を期待していることを伝えていただきたいと思います。

もし本人の気持ちとして残ってがんばりたいという意志が強いのであれば、現状で課題となっている事実を客観的に整理しながら、どうすれば改善できるかを一緒に考えていけば良いでしょう。精神論でどうにかなるものではありませんから、具体的なプログラムを考えていく必要があります。

いずれにせよ、常に本人が主体的に改善を図りながら、会社としての理想像に向かって自分の得意を活かし、楽しく仕事を進めて欲しい、いつも見守っていると、しっかりフォローしていくことが重要です。

このように丁寧に管理職へ働きかけていくことで、社長さんの代わりとなって活躍する会社の屋台骨、理想的な人財が育っていくのです。

社長さんの優しさって？

ここまで、社長さんに求められる「人材育成」のヒントとして、10年先を見据えた経営ビジョンを示すこと、個人の資質を伸ばすこと、管理職を育てることをお伝えしました。

次にお話ししておきたいのは、従業員を育てるにあたって社長さん自身がとるべき態度についてです。というのも、最近の社長さんは優しすぎるのです。

従業員を理解しようと思うあまり、何をいわれても否定しない社長さんがおられますが、従業員に迎合するような態度は、本当の優しさではありません。ルールを守らない従業員にだめだと言い切る強い姿勢があるからこそ、社長さんの見守りが確かなものになるのです。

会社は組織です。組織にはルールがあります。ルールそのものの是非は別に論じるとして、組織がルールに則って運営される以上、違反したときは罰せられなければなりません。就業規則の罰則規定は飾りではありません。何のためにあるか、考えてみてください。

対話の場を持ち、話を聞き、解決に向かって一緒に考えているにもかかわらず、主体的な行動をはき違えて勝手な判断で独善的な行動をとる。服務規程に違反していることを棚に上げ、成績がいいのに何が悪い、会社のルールが間違っていると注文をつける。こうした態度で周囲を混乱させる行動が見えた場合は、なぜそのような行動をとるかを確認した上で、改めるよう指導する必要があります。

文句だけいって従わず、「だったら辞める」といい出すかもしれませんね。人手が足りない現状を考えると、辞められるよりはましだと黙って見守ろうとする社長さんがおられます。でも、それは見守りではありません。放任です。

辞めていく従業員の話は次の章でも扱いますが、このような従業員の態度は伝染します。もともと会社にとって必要がない人材だったのだと割り切って、辞めてもらって構わないという態度で強く指導してください。

まわりの従業員は社長さんの態度やことの成りゆきを見つめています。思っている以上にシビアな目で見ています。ルールを守らなくてもいいのだ、あんな態度でも許されるのだと思った途端、社長さんへの信頼度が下がり、仕事へのモチベーションも、会社への貢献の気持ちも、保てなくなります。

育てるべき人を見誤ってはいけません。面倒でも、孤独でも、トップとしてぶれない態度を示さなければならないのです。社長さんには勇気と胆力が必要です。

同様のことは一般の従業員だけでなく、管理職についてもいえます。よくあるのが管理職の態度に問題がある場合です。指導が行き過ぎてハラスメントになってしまっていると現場から訴えがあがるなど、コミュニケーション力やコーチング力に問題がある管理職のトラブルは、多くの社長さんから相談を受けます。（ハラスメントや職場のコミュニケーションの問題については、次章で詳述します）

こうした問題ある管理職の人に対し、長年会社に仕えてくれているし、業務そのものへは貢献が大きいしと、悩みつつもそのままのポジションに置き続ける社長さんがおられますが、これも組織全体から見れば、百害あって一利なし。

どんなにすごいパフォーマンスを持った人でも、改めるべきところはきちんと指摘し、改めさせる。場合によれば辞めてもらうことも厭わない。毅然としたトップの姿勢を見せることが、結果的に良い流れをつくります。

人は、自らが気づいて納得し、変わろうと思えばいつでも変わっていけます。いまさらこの年でとか、こんな地位になったのにとかは言い訳になりません。

ひどい上司のふるまいで人間関係を悪化させ、育てるべき従業員が潰されて会社に損失を出したとすれば、その管理職を放置していた社長さんの責任です。

しっかりと現実を見て前を向きましょう。客観的に起きている事実を認め、何が課題になっているのかを整理してみましょう。

その上で、なんのために会社組織を経営しているのか、改めてトップとしての自身と向き合い、問い直してみてください。

どうしてもその上司のために人が続かない状態であると判断した場合は、その上司が管理職に就いている意味を問い直し、ぶれずに正す勇気を持って欲しいのです。

社長さん自身が会社を育てていく

この章では、人材育成を軸に、経営のポイントを見てきました。

社長さん自らが10年先のビジョンを見据え、理想像を描くこと。

そのビジョンを従業員に語り、理想的な人財となるイメージを持たせ、熱量で巻き込み、一緒に進むことで従業員の資質を伸ばし、管理職を育てること。

そして、いざというときにはトップとして責務を果たし、毅然と対応すること。

これらのポイントから見えてくるのは結局のところ、社長さん自身の姿勢や態度、思いの重要性ではないかと思います。


人材育成のためだけでなく、社長さんはいつだって、耳目を集めるトップとして組織と人の理想像を表していく存在です。会社の状況や現場の状態、社会の展望に対して理解や造詣を深めておかなければなりません。重い荷物が肩に乗りかかって大変ですね。

ひとりですべての領域をカバーするのは無理がありますから、私たち社労士のような専門家を上手に使いながら、理想の姿を描いていって欲しいと思います。

社労士は労働者の味方をするものだと思われているかもしれませんが、本来の姿は会社組織が理想的な活動をするための人のあり方、労働のあり方を追究している専門職ですから、相手が管理職だろうと従業員だろうと、もちろん社長さんだろうと、会社にとって必要のない優しさへはしっかりと注意を促し、必要な方法を一緒に考えていく覚悟があります。なんでも相談していただけると嬉しいです。

ただ、これだけはご理解いただきたいのですが、私たち社労士は、あくまでもアドバイザー。社長さんのそばに寄り添うことはできても、代わりを務めることはできません。

従業員に向かって行動を示すのは、社長さんにしかできないお仕事です。

これまでの経験から痛感しているのですが、第三者の社労士が社長さんの気持ちを代弁する形で表に出て関わると、従業員のみなさんは社労士の言動にばかり注目してしまい、社長さんのいうことを聞かなくなってしまいます。

社長さんが組織のトップ。どんなに大変でも、踏ん張って欲しいと思います。

わたしたち社労士は、伴走者としてしっかりサポートしていきます。

事例 04

合併した会社で従業員を育成する

少し趣の異なる話になりますが、会社によっては合併や再編などで、複数の組織がひとつになることがあります。

労働環境、給料形態が異なる会社同士が合併した場合の従業員への関わり方ですが、結論からいうと単一の会社と変わることはありません。

電機メーカーのI社は、同じ中堅規模の電機メーカーI・S社と合併しました。当初は無用な混乱を避けるため、以前に所属したグループごとに基準を設けて個別のサポートをすることも必要と考えましたが、同じ環境になったにも関わらず、示されるものに違いがあるとなれば従業員同士の関係が悪くなる可能性があります。そこで一定期間を経て、ある程度の落ち着きが見えたら、見直しを行ってひとつの組織として統一した評価を行っていくことにしました。

当然のことながら、これまでと比較してマイナスになる人、プラスになる人が出てくるとは思いますが、これまでの経験では、それで人が辞めたということはほとんどありません。

むしろ、ひとつの会社としての将来像をしっかりと理解し、新しいビジョンに向かって進むのだと認識した中で、旧体制のときに受けた評価や待遇での不満を改善していくチャンスとしていけるのが、良い方向に進む要素になっている気がします。

どんな組織でも、構成する人みながそれぞれに納得し、自分の能力を発揮できる場で、軸をつくり、評価していくことが重要なのではないかと思います。

3

あの会社は「長く働く場のつくり方」を知っている！

Chapter3

「集まらない」「育たない」「続かない」の悪循環を断ち切るための最後のステップです。せっかく人を育てるしくみをつくったはずなのに、なぜか定着しない、入れ替わりが激しい・・・従業員が辞めるのは理由があります。コストをかけて投資した従業員が長くとどまり、会社へ貢献する人財となるために注目すると良いのが「場づくり」です。人がとどまる会社が行っている人と環境のつくり方を見ていくことにしましょう。

«「辞めたら終わり」にしていませんか？

前章では人を育てるために社長さんが心得ておくべきことのお話をしましたが、苦労して人材育成のしくみをつくっても、しばらくすると辞めてしまう人が後を絶ちません。

社労士の業務のひとつに諸手続きの代行があり、退職手続きについてもよくお願いされるのですが、たいていの社長さんが気にしているのは書類の話。雇用保険の失業手続き、社会保険の保険証…退職後の保険ってどうだったっけとか、そういった話を相談されてきます。

たしかに手続きは面倒なものだし、手続きの代行も重要なお仕事ではあります。でも、社長さんが気にするのはそこで良いのでしょうか。

社長さん、「辞めてしまうものは仕方ない」と、それで終わりにしていませんか？

もっと大切な点に気づいてほしいのです。それは、なぜ人が定着しないで辞めてしまうのか、というところです。

人材育成のしくみとしては問題がないはずなのに、なぜ辞めてしまうのでしょうか。入ったばかりの人がまた辞めたというのがあまりにも目につくと、社長さんに退職理由を聞いてみることがあります。退職届を見せていただくと、ほとんどの場合「一身上の都合」とあります。でも、よく聞いてみると「実は…」とトラブルの話が潜んでいることが多々あるのです。

本当に本人の問題だと仕方ないのですが、会社側の問題が原因だった場合、このまま次の人を雇ってもまた同じことの繰り返しになってしまいます。

根本的に問題解決しないと、いつまでたっても人が続かない職場のままです。

たいていの社長さんは、従業員から「辞めます」と申し出を受けたところで、社労士に相談に来られます。たまに引き止めたいので退職を思いとどまらせる方法はないかと聞かれることもあるのですが、退職の意思表示をした時点で、本人の気持ちはもう固まってしまっているため、無理に引き止めても無駄だとお答えしています。辞められては困るからと中途半端な条件変更などを進めると、それはそれで他の従業員が見ていますから、何かとトラブルが増えることになりかねません。

まれに、辞めた方がまた戻ってこられる場合もありますし、辞めるつもりで話してきたけれど事情が変わって残ったということもあります。みなさん、さまざまなご事情があります。ただ、こうした場合でも、結局のところ会社にとどまったわけだから結果オーライと考えて放っておくのはおすすめしません。

従業員が辞めると話されたとき、なぜかと事情を伺っておくことはとても大事です。退職時の話し合いは、その人を引き止めるために行うのではなく、次に同じ理由で退職する人をつくらないために必要だからです。

従業員が辞めていく原因をしっかり把握して対処しておかなければ、また同じ繰り返しが起きます。次々に雇用できた時代はそれでも良かったのかもしれませんが、いまはそれも難しい時代です。

実は、退職者が出たとご連絡をいただく社長さんのところは、求人にも困っている場合が多いのです。それも同時進行です。辞めるから次を雇いたいと。でもまたすぐに辞めてしまい、次を探している。

このようなことを繰り返していると、会社にとって大きな損失になります。今は求人票を出すにしてもハローワークからだとほとんど人が来ないため、お金を支払う求人広告を使います。10万円、15万円とコストをかけているわけです。そして何度も面接し、ようやく採用までこぎつけ、社内で時間もお金もかけて人材育成を図ってきた従業員がいとも簡単に辞めていってしまう。これでは会社はもちません。「辞めて終わり」にしてはいけない。退職理由が同じという悪循環は、断ち切らなければならないのです。

「してあげる」押し付けを外して、待ってみる

なぜ辞めたのか、あるいは辞めたいと思っているのか、その状況の裏にある事実を客観的に整理すると、やらなければならないことが見えてきます。

トラブルになったことが明らかで、話し合いの場に同席することを求められたときは、私は社長さんに、申し訳ないけれどまずは従業員の声を黙って聴くようにお伝え

しています。とにかく何もいわずに、聴いてあげてくださいと。ここは「聴く」というのがポイントになります。

従業員の声をひたすら聴いていると、中には一方的な思いで筋違いな文句をいう人もいるにはいますが、たいていクローズアップされてくるのは、聞いたことのなかった不満です。社長さんからは、後で反省したという感想をよく聞きます。良かれと思ってやっていたことが実は嫌がっていたのだと初めて知った。いわせてあげることができていなかったこと、一方的に押し付けていたことに、ようやく気づいたと。

これが退職にまで発展していなければ、社長さんがただじっくりと話を聴いてあげるだけで、おおかたのトラブルは解決してしまうのではないかと思います。

聞き出すという技術でもうひとつ触れておくと、カウンセリングの研修などでよくあるのですが、黙り込んでしまう人がいます。５分とか、10分とか。待っているといつまでも、目も合わせず黙りこくってしまうのです。

沈黙は、本当に苦しい時間です。不安になります。慣れるまでは耐えられなくて、あれこれ言葉を出したくなります。何か投げかけたら話が進むのではないかと、こちらから働きかけたくなるのですが、これって「すぐに解決しなくてはならない」という勝手なこちらの都合なのですよね。だからとても一方的なふるまいになってしまいます。

沈黙の時間は、社長さんを試しているわけでも嫌がらせで話さないのでもなく、本人の中で自問自答したり、言葉を見つけようとしていたり、時間をさかのぼって記憶をたどっていたりと、貴重な時間になっていることが多いのです。

だから、どんなに焦っていたとしても、本人の口から言葉が出るまで待たなければなりません。待ち続けていると、いつか本人の中で何かのきっかけが生まれ、声になって出てきます。

ここで大切なのが、本人が感じていることを自分の言葉にする問いかけです。私も過去に、相談にこられた社長さんの話を聞き終わる前に「それは～」とアドバイスが口に出てしまった経験があります。このときは、私が話した後で思ってもみなかった本音を聞くことができ、ハッとしました。相談を受けている側は、相手の答えを勝手に想像してしまって、関連するような質問をしてしまいがちです。そうならないためにも、「ほかにも答えがあるかもしれない」と意識をしながら、自由に答えられるような聞き方をすると、相手の真意が引き出せると思います。

問題が起こったときは、まずは客観的な事実を整理します。必要であれば少し時間もさかのぼり、気になることはすべて外に出してしまいます。

このとき重要なのは、事実に評価や解釈を混ぜないことです。ただ素直に事実を並べます。そうして洗い出された事実を前にしながら、ご本人に「ご自身はどう思いますか」と問いかけてみてください。社長さんのほうから「私はこう思う」と意見をいいたくなると思うのですが、ここはがまんです。ご本人が感じていることをいってもらう。

そして、出てきた気持ちに対して「そうだよね」と共感していくのです。このときも、こちらからの意見や評価はしません。ただ、そうだよねと。

不思議なことに、良し悪しを判断して解決に向かおうとしない方が、結果的には早く解決するのです。黙って本人の話を聴き、うなずく。認める。この方がよほど大変ではあるのですが、こうしていると、解決策のアドバイスをひとつもしていないのに、本人の口から「実はこうしようと思っているんです」と提案がでてくることがあります。

これがいちばん納得できる形になるのです。自分で「私がこうやるんだ」と決めたことが、いちばん進みます。法律的に間違っていない限り、本人の選択したことを応援する。本人が納得していることが、いちばん本人の主体性を発揮し、解決に向かいます。

社長さんが話を聴き、黙ってうなずくことにはもうひとつ大切な意味があります。それは、「トップ自らが話を聴き、自分のことについて一緒に考えてくれた」という安心感です。口を挟まず意見を聴いたということは自分の存在を認めてくれたことにほかなりませんし、その意見に対して「そうだよね」とうなずいてくれたということは一緒に悩み事を考え、解決に向かっていこうとしてくれていると感じます。

こうして一体感を高めることで、本人の気持ちを前向きにし、主体的に動くきっかけをつくることができるのです。

辞めていく原因のトップは「人間関係」

このようにご本人から状況を聞き出していくと、辞めたくなっている状況には共通点がでてきます。

課題として浮かび上がってくるのは、たいてい「人間関係の悪化」か「労働環境の条件の悪さ」です。このふたつがとても多いです。

「一身上の都合により」と書かれている退職届、本人に聞いても次にやりたいことが見つかった、ステップアップしたいからだと初めはいっているのですが、黙って耳を傾け、よくよく聴いていると、出てくるのは人間関係のトラブルです。退職理由の大半が人間関係だといっても過言ではありません。

あたりまえのことですが、職場はコミュニケーションでなりたっています。このため、人間関係と聞いたとたん「それは個人の問題。仕方がない話」と片付けてしまいがちなのですが、それこそ勝手に評価してはならないポイントです。

人間関係というと、同僚とか後輩、上司との関係、取引先、いろいろです。新しく入社した従業員だと先輩にあたるような存在もあります。特に、昔から勤めておられる従業員の言動が若手世代を育ちにくくしているという会社が多くなっています。

社長さんもそのことにはうすうす気づいてはいるのです。でも仕方がないと黙認している。その従業員がネックになって入社する従業員が次々と潰されているというのに。当然、その状態を見ている職場全体のモチベーションも下がります。

そういった状況が客観的事実として浮かび上がったら、やはり私の方からは、どんなに偉い立場になっている人だったとしても、その従業員に対し、教育を受けさせるなど何かできないかと提案するようにしています。(管理職に関することは後ほどお話しします)

いくら家族的なコミュニケーションをとっていたとしても、仕事は仕事。プライベートとは一線を画するものです。心と体のバランス、提供している技能と対価のバランスが、つりあわない、見合わないと感じたとたん、人は離れていきます。

最近では「働き方改革」の推進により「ワークライフバランス」という言葉もじわじわと浸透してきているため、特に若手の従業員を中心に、仕事と生活のバランスや価値づけの相性を重要視する人が増えてきています。このあたりの詳しい話は5章に譲りますが、仕事は単に労働力を引き出せば良い時代から、どのような業務にしても人間としての尊厳を大切にしなければならない時代へとシフトしていることは意識しておくべきでしょう。

つまり、従業員を正当なひとりの人間として扱うということです。仕事への想いや気持ちをていねいに拾う。価値を押し付けず話を聴く。個人として大事にしている価値を尊重した業務の進め方を一緒に考え、場を与える。やりとげたことに正当なフィードバックを返し、応援していることを示す。同僚や上司との人間関係にトラブルがみえたら、積極的に話を聴き、一緒に対処を考える。一つひとつを見ていると当たり前と思える話ばかりです。だけどこれが難しくて、いちばん大きいトラブルの原因になっているのです。

辞めさせたい従業員がいたらどうすればいい？

ところで、この「人間としての尊重」を勘違いする従業員がたまにいます。職場を居心地良く過ごすためのクラブか何かのように考えて、甘えてしまう人です。残念ながら、一定程度は会社の中にいると思ってもらった方がよいでしょう。

社長さんからも、「解雇したい従業員がいるんだけど、30日前にいえばいいんだよね」とか「解雇手当つけたらいいんだよね」などと聞かれることがあります。大事なのは手続きの話ではないですよね。どうしたんです、理由はなんですかときくと、「いやもうどうしようもないからさ。何もいうことを聞かないし、注意してもまた同じことをするし。仕事は遅いし、ちゃんとできないんだよ」と。

気持ちはお察ししますが、いきなりの解雇はできません。ただ、仕方ないとそのままにしておくこともおすすめしません。他の従業員も見ていますから、周囲のモチベーションまで下げてしまうほど目に余る場合は対応する必要があります。

注意をしても聞かない、いわれた仕事をしないなど、会社への貢献度が極端に低い従業員とトラブルになっている人に対しては、口頭注意だけで終わらさず、始末書を書かせるようにしましょう。

就業規則は飾りではありません。必ず懲戒処分という条文があって、段階を踏んだ処分内容が記載されています。最終段階が解雇です。

この段階には意味があます。単なる解雇までの証拠集めというものではなく、処罰を通して自分の行動をふりかえり、課題や改善点を考えさせることが目的です。

始末書といきなりいわれたら「書けばいいんだろ書けば！」と投げやりに書いてくる人もいます。そうではなくて、なぜそのような状態になったのか、反省すべきところはどこか、今後同じようなことを起こさないためにどうするか、という点をふりかえっていくことが重要になります。

このときに重要なのが、一緒に考えることです。本人だけに反省させて終わらせるのではありません。なぜそのような行動が起きるのかを反省すべきなのは周囲の環境についてもいえるからです。できないのは本人だけの問題なのでしょうか。何らかの手立てや指導、教育はしていたのでしょうか。管理職をはじめとした会社の努力も重要です。

解雇は最終手段。簡単にできるものではありませんし、してはならないものなので
す。

« 「がん」や「うつ」の従業員へどう対応すればいい？

小規模の会社の社長さんが頭を悩ませるのが、心身の健康を害した従業員への対応ではないかと思います。

社労士は、従業員の法的な権利を守りつつ、より良い働き方で会社が発展するよう組織運営を支える経営のパートナーです。会社との顧問契約を結んでいることから会社の視点からお話しすることが多いのですが、この問題に関してはどうしても人とし

ての視点が外せず、悩ましいところがあります。

例えば、うつと診断された場合です。もともとある持病が出てきたのか、会社の環境によって発症したのかという問題がありますが、明確に見分けがつくものではありません。罹患歴があったとしても、以前の職場環境の問題だとしていれば、履歴書にも健康診断書にもわざわざ自分がうつを患ったことがあるとは記載しないでしょう。でもそういう傾向のある人は現在の職場でも似たような状況になった場合に発症してしまいます。もともと仕事のできる人が多いものですから、環境が良くなれば大丈夫、症状が安定したら問題なく働けると、なんとか仕事を続けたいと訴えてくるでしょう。

しかし、社長さんからすれば心情はともかく、そのような人を抱えておく余裕がないと感じている方が多いのは事実。どうにかして解雇できないかとの相談もよく受けます。

単純なところでは、制度に則るのが平等でわかりやすい対応になります。就業規則の中に具体的な形で記載されている「休業期間○カ月で職場復帰できなかったら退職」という条項に従う形です。

心理的なものは、原因を特定することがとても難しく、職場環境だとはっきりしていればもちろん改善しないといけませんが、個人的な事情だった場合、まったく関係のないことだと突き放すのもつらいところがあるかもしれません。社長さんとしては心苦しいところかとは思いますが、ただ、そうはいっても企業という利益を追求する組織集団であるという点は割り切る必要があるため、その従業員が会社にとってどのくらい存在価値があるか、「人財」として必要なのかを考えて判断していただくことで良いのではないかとお伝えしています。

がんと診断された場合も似たような問題が生じると考えられます。うつに比べると持病として持っておきながらの就職というパターンは少ないとは思いますが、健康診断や体調不良で検査してがんが見つかる方が増える傾向にあります。

がんについても、休職期間の定めを記載している就業規則がある場合には、規定に則って対応するのが原則です。ただ、一度がんになってしまうと、退職した先は次の職が見つからないことが多いですし、治療費もかかるし働き続けたいという人も少なくありません。

ただでさえ少ない人数の中、病気で戦う人を受け入れておける余裕などないというのは社長さんの正直な本音だと思います。ただ、がんや家族の介護で休職に追い込まれてしまうというのは誰にでもあり得る問題で、個別に発生したその人だけの問題とは言い切れないのです。がんが見つかった従業員がどう扱われるか、成り行きを周りの従業員が見つめています。社長さんの対応は、それ以降の会社のあり方に大きく影響することになるのです。

今や3人に1人ががんになる時代です。また、早期発見や日進月歩の医療技術で生存率がずいぶん上がってきているのも事実です。がんが見つかったからとすぐに結論を急いで対応するのは、やはりおすすめしません。

実際のところ、人手不足は深刻で、求人を出してもなかなか集まらない時代ですから、病気という状態もライフステージのひとつとして考え、働き方の形態を変えながら会社に残ってもらえるよう模索する社長さんも増えてきています。人財を活用する制度や待遇の方を柔軟にし、会社負担も減らしながら、本人の気持ちにも寄り添う職場のあり方を考えていただけたらと願います。

事例 05

がんに罹患した従業員が工夫しながら就労

製造業のH社に務める正社員のYさんは、40歳のときに健康診断でがんが見つかりました。休職の形で治療を始め、手術も無事に成功。その後、Yさんから「すぐに職場復帰したい」との連絡がきました。傷病手当は給料の7割弱しかなく、治療費も生活費も必要なため、できるだけ早く復帰したいというのです。

社長さんは「もう少し休んで、様子を見ればいい」と復帰には消極的でした。病気で仕事のパフォーマンスが落ちるかもしれないし、勤務しづらくなった人がいたら周囲へも影響するから、休職したまま辞めてほしくて、引き伸ばしを図っていたのです。

保険料は休業中も免除になりませんから、会社で立て替える必要があります。傷病手当金を代理で受け取って差し引きする手もありますが、そうするとYさんに渡る金額はさらに減ります。また、傷病手当金は最大1年半支給されますが、使い切ったら障害年金を受け取ることで最低限の生活保障はできるはずだからと、暗に辞めることをすすめておられたのです。でもYさんはお金が必要なので、どうしても残って働きたいと平行線です。

社労士は、「様子を見ながらにはなるが、Yさんに短時間正社員やパート・アルバイトの勤務形態を変更する形で職場に残ったらどうですか?」と提案がありました。

幸いなことに、Yさんは抗がん剤治療や手術が功を奏し、職場復帰を果たしました。その後は定期的な検査などで休む以外は支障なく仕事を続けています。

管理職の「指導」と「パワハラ」をどうにかしたい

本章のはじめのところで、トラブルのいちばんの原因が人間関係にあるというお話をしましたが、ここでは特に管理職の立場におられる方との関係をお話ししたいと思います。やはり、いちばんよく相談を受けるのが管理職の方とのトラブルです。

今の時代、即戦力となる人材と出会える確率は非常に低いといってもいいでしょう。だからといって、まったくの未経験者を採用し、ゆっくり背中を見て盗んで覚えろなどといっていると間に合いません。当然のことながら、教育や指導をしながら業務に就かせる必要がありますが、管理職にあたる上司の側に力がないと、指導しているつもりがいじめと思われてしまいます。

社長さんとしては、時代の荒波の中、がんばって成果を出してきてくれた人ですから、指導方法に注文をつけることもためらい、その人なりのやり方だと見守るにとどめてしまうのかもしれません。ただ、その間に続くいじめ状態が、会社全体にどれだけの損失を出しているかを、もっと真剣に考えるべきです。

管理職側の要因が、人間的な性格やクセの問題ではなく、指導力不足であるなら、管理職としての指導方法を学んでもらうことで解決できる部分がたくさんあります。

現在は、新人教育よりむしろ管理職向けの教育のほうが要になってきて、いろいろな講座や研修も増えています。実際のところ、新入社員とどのように接して良いかわからないという管理職の方がとても多いのです。

コーチングやカウンセリングなど、相手の話を傾聴し、気持ちに共感しながら、教えるべきことをわかるように伝えるという技術は、実は部下に対してだけではなくとても重要なコミュニケーション力です。積極的に教育を受けられるよう、制度を整えて受講を促すことをおすすめします。

残念な勘違いが、飲みに行くコミュニケーション。アルコールが入ったからといって本音がいえることはありません。まったくといっていいほど効果がなく、むしろ関係性を悪くするのがオチですから、やめておいたほうがいいです。

前章でもお話ししましたが、管理職は会社組織の柱です。社長さんは、会社全体の利益を冷静に見つめ、大きなマネジメントの視点を持って管理職を育てましょう。外部の教育や研修、助成金などを上手に活用してください。そして、決して長年の情に流された放任はしないよう、心がけていただけたらと思います。

ところで、管理職が行う指導上の問題で、パワー・ハラスメント（パワハラ）がとりあげられることがよくあります。ここで少しお話ししておきたいと思います。

結論からいうと、指導とパワハラは、まったく異なります。

管理職だけでなく社長さんたち経営者の方々も陥りがちなのですが、指導しているつもりなのに言葉が足りない、あるいは表現が誤っているため、パワハラになってしまっているというものです。このため、言い分としては指導しているだけなのだとお聞きするのですが、やはり、ただ怒鳴っているだけだったり、相手の話も聞かず一方的だったりすると、それは指導ではなくパワハラです。改めていただく必要があります。

ハラスメントは、受けた方が苦痛を感じた時点で成立します。いくら優位な側の人が指導のつもりだったとしても、相手が苦痛を感じていればパワハラとされてしまっても仕方ないわけです。

パワハラと判断されやすい行動は、相手の成長を促すより自分の感情が大きくなって怒る行為です。他人が聞いて理解できない理由で怒る。何度も怒る。必要もないのに人前で怒る。こうした行為は、すべてパワハラです。

ではどういうものが指導になるかというと、なぜいわれているのかがわかる注意です。部下の成長を思って育てようとする気持ちが第一にあって、注意する目的が明確になっている。理解できる理由で話す。人前で注意しない。改めるべき短所だけでなく伸ばすと良い長所にも気づかせる指摘とフォローがある。これが指導です。

このとき重要なのが、自分の感情を先走らせないこと。感情を高ぶらせると声を荒げ、大きくなり、その自分の声でますます感情が爆発するなど、ろくなことがありません。

感情的になりがちな人は、アンガーマネジメントの講座を受けることもぜひ考えてみてください。自分自身の成長にもつながります。感情のコントロールは、部下との関係だけでなく、お客様とのやりとりでも、家族との関係でも、とても重要なのでおすすめです。

なお、パワハラは、職場内での関係性が定義されています。このため、職場から離れた飲み会などの職場以外の行為は個人の問題となります。パワハラ傾向がある人にはこの点に注意する必要があります。飲み会で起きたトラブルは、定義上では個人の問題であり会社責任ではないのですが、倫理的に会社として放っておくと大きなトラブルになる可能性があります。職場外の状況についても可能な限り把握し、早めに対応を心がけるのが懸命といえます。

また、逆のパワハラもあります。最近は、新しく管理職になった人への部下からのいじめのようなトラブルもよく聞かれます。パワハラの定義は、思っている以上に複雑です。細かい状況については、そのつど社労士と相談して対応するほうが無難です。

いずれにせよ、ハラスメントは放っておくと害が広がる一方です。ここではパワハラをとりあげましたが、そのほかにもさまざまなハラスメントが定義されています。

ハラスメントは人間関係を最悪にし、やる気も何もかも奪ってしまう事態を引き起こすため、兆候が見つかったらできるだけ早く行動を起こし、小さな芽のうちに摘み取ることが重要です。

労働時間などの環境問題は「制度」と「待遇」がカギ

ここまで、人間関係を中心とした、職場の関係についてお話ししてきましたが、もうひとつ、トラブルになりがちな職場の要素として労働環境の問題があります。

長時間労働や無報酬の残業などは論外としても、社長さんの側で考えている組織の基準と従業員側の受け止める基準とにはたいてい食い違いがあり、そこからトラブルになることが多いのです。

会社としては、組織全体の制度として評価する軸をもち、個別の従業員に対してその軸で評価することで待遇を決定します。この制度と待遇の適切さが問われます。

例えば、がんやうつなどの健康上の問題のところで、就業規則を整えた上で個別に会社への貢献度を判断して柔軟な働き方を提示するというお話をしました。この就業規則の部分が制度、貢献度を判断した働き方という部分が待遇のイメージです。

誰もが納得する評価の軸と選定方法、対価のしくみを整え、えこひいきなしに判断していくのが理想です。ただ、制度としては整えているつもりでも、先に帰ることが許されなかったり、30分や1時間くらいのオーバーは残業としてはいけなかったりする雰囲気、年次有給休暇を使おうとすると嫌な顔をされる空気など、「昔はこうしたがんばりが大事だった」という「見えない規則」が存在すると、従業員にとっては抗えないプレッシャーとなってしまいます。

また逆の方向から生じる待遇のトラブルもあります。社長さんが正当な評価のつもりでリーダーに抜擢して手当をつけたのに、本人からクレームが出てくるような場合です。

リーダーなんかになるつもりはない。責任をとらされるプレッシャーがつらい。手当の金額では割に合わない。極端な場合は辞めてしまうこともあります。

これは、本人の同意なく勝手に進めたことが問題です。待遇を変えるときは、必ず職務と責任の範囲が変わります。どういう意味があり、どんな期待をし、どこまでの仕事を求めているのかをきちんと説明し、本人が納得して同意することが大前提です。せっかくの社長さんの想いが裏目に出ないよう、ていねいに対応していただけたらと願います。

従業員は、労働にかけた手間暇に見合った評価を受けているか、つりあった報酬や権限・責任を受け取っているかを、常に気にしています。

完璧な労務管理をするのは、社労士としても理想ですが、現実にはなかなか難しいものです。ただ、現在の就業規則をよく読むと、従業員の理想的な働き方や就業条件がちゃんと書かれていて、よくできているなと思うものも少なくありません。

現実の運用が正しく行われているかをこまめにチェックし、従業員の意見を取り入れながら見直す努力を見せていれば、従業員からの不満もきっと少なくなるはずです。現状に甘えてずるずる放っておくと、会社を見限って次々に辞めていく従業員が出てきます。なかには裁判を起こすのも辞さないような不満を抱えた退職者を出すかもしれません。

従業員が定着してしっかり回っていくように、制度と待遇のチェックも怠らないようにしていきましょう。

事例
06

未払い請求で訴えられる

解雇した人や問題になった人が会社を辞め、やれやれと思って安心していたら、数日後に弁護士事務所から内容証明が届き、何百万という未払い請求で訴えられるというケースが多くなってきています。

未払いの内容は大半が残業代です。びっくりした社長さんが焦って相談にこられます。なかにはインターネットで適当に調べたような曖昧な請求内容が普通郵便で届く場合もありますが、これはしばらく放置しておきます。本人から連絡があれば対応しますが、特段の連絡がないまま終わるものが多いです。

弁護士を通じて訴えられた場合、請求額はかなりの額になります。多めに計算されていることが多いため、800万円の請求だったものが最終的には350万円で和解したこともあります。和解に持ち込めたとしても、それなりに大きな金額になります。

そもそもこうなってしまったのは、残業管理のいい加減さが原因であることが多いといえます。25万円の給与で、1日30分の残業が毎日未払いだった場合で計算すると、1年で約24万円、2年で約48万円にもなります。また、残業が1時間になると100万円近くにもなります。

弁護士から訴えられると、お金も労力もかかり、大変です。もしも、このような状況になったら、二度と同じことが起きないように、労働条件や就業規則の作成・見直しを行うべきでしょう。

これからの定年の考え方

社長さんたちには、人手不足の中での雇用制度を整えるひとつとして、定年のあり方についても考えておくことをおすすめしています。

現在の就業規則をつくる際は、60歳定年、再雇用65歳というのが一般的ですが、これを65歳定年、再雇用70歳に変えることはできないのかという相談を受けることがよくあります。

現在の長寿化を考えると、70歳くらいまでふつうに働ける方も多いですから、定年という形で辞めるきっかけをつくってしまうのも、ある意味もったいない話です。

また、年金制度の問題で、受給のスタートが65歳まで伸びているため、再雇用の形で給料を下げず、現状のままにして欲しいという人も多いです。かつては在職老齢年金とのバランスで再雇用の給料と年金とのバランスを計算して欲しいという依頼がとても多かったのですが、最近はほとんど聞かなくなりました。時代ですね。

今職場で活躍されていて、会社への貢献度から見ても残ってもらいたい従業員でしたら、退職されないよう、定年を無視してそのままの条件で雇用延長される社長さんも増えてきています。制度そのものを見直すかどうかについては、年齢を重ねるにつれ個人差が大きいため、一律適用される状態をつくるよりは運用で柔軟に対応されるのがおすすめです。

なお、高齢者の就業という点では、他の会社を定年退職したシニアの方が新たに働きたいといってこられることがあります。年齢制限を設けずに求人を出したら60代の方が応募してきたというような場合です。社長さんから、「たしか高齢者向けの助成金があったよね」と相談を受けることがあるのですが、助成金のメリットだけを見るのではなく、慎重に検討されるようお話ししています。

また、もし仮に助成金という色眼鏡で雇ったとしても、結局のところ長くは続かないと思うのです。なぜなら、定年退職後の方は、新入りでありながら、今働いている従業員や社長さんより年上になる場合が多いからです。さらに本人だって畑違いのところからきて働きにくいでしょう。扱いにくい、働きにくいとなると続きません。もちろん、とても真面目に一生懸命働かれる方も少なくありませんから、あくまでも個人の資質をよく見て、年齢や助成金にまどわされず会社への貢献とのバランスで採用を決められるようお話ししています。

不当解雇と訴えられたら？

辞めさせたい従業員のところで、いきなりの解雇はできない、順を追って注意し、客観的な事実を積み重ねていくようにお話ししました。

では、気をつけて注意していたにもかかわらず退職後に「不当解雇」と訴えられた場合、どうすれば良いのでしょうか。

裁判沙汰になった場合は、第三者が判断できる事実しか効力がありませんから、ひたすら客観的な証拠を出すしかありません。口頭注意だけですませてはいけないのはこうした事態に備えるためでもあるのです。

解雇は、行き過ぎた処分（不当解雇）だと判断されると無効になり、雇用関係を元通りにした上で、期間をさかのぼって給料などの支払いを要求されます。会社にまったく落ち度がないのに、証明ができないため不当解雇と認定されると目も当てられません。

解雇の対象となる従業員は在籍中からトラブルを起こしているのですから、解雇前から慎重に客観的事実を集めておくことをおすすめします。

管理簿、連絡簿などの就業の記録、規則違反の記録、始末書などの反省文。文書としての記録をしっかりと残しておき、万一訴えられたときは会社としての落ち度がないことを証明できるように揃えましょう。

事例 07

社用車で事故を起こした従業員から不当解雇を訴えられる

サービス業のF社は、営業で社用車を使っています。基本的には点検やメンテナンスは運転者が行うルールとしていますが、問題の従業員はこれらを一切せず、しょっちゅう故障をひき起こし、会社に数十万円もの修理代を負担させることもしばしばでした。運転後もゴミだらけで、勝手に社用車を使用することもあって、その従業員は業務に大きな支障をきたす行動をしていたのです。

そのため会社は、退職を促しました。すると、「不当解雇だ」といって裁判所に訴えを起こしました。会社は従業員の過失について書面を残さず、口頭で話し合っていたため、行動の証明ができません。修理をしたという請求書があっても、この運転手が原因だという証拠がないのです。

最終的にはなんとか和解にこぎつけ、和解金を支払って退職にもちこみましたが、会社側としては就業中からしっかりと対応していれば払わずにすんだお金。ずいぶん高い授業料になった事例です。

4

あの会社は「女性の輝かせ方」を知っている！

Chapter4

内閣府「男女共同参画白書」の2016年統計によると、直近の10年前（2006年）との比較で、生産年齢人口（15～64歳）のうち女性の就業率が7.8%も増加したとのデータがあります。要因としては共働き世帯が子どもを育てるための環境整備、育児休業等の制度の拡充などが挙げられますが、最も大きいのは女性が働くことに対する意識の変化だといわれてます。一方で業種や職種によっては、男性のみが働くことを前提として組織化がなされており、いざ女性が働くとなっても、対応しきれないという会社は少なくありません。また、たとえ女性が働いていたとしても、労働環境の整備が不十分ということもあるといえます。こうした現状を打開し、女性が活躍できる会社、真に女性が輝ける環境を整えられるかどうかも、人に困らない会社にするカギとなるはず。本章ではそれらのヒントとなることがらを学んでいくことにしましょう。

「無意識のバイアス」を意識してみる

これまでの章では、人がうまく回っている会社の社長さんたちが、どのようにして人を獲得し、育て、定着させているかを見てきましたが、この章ではとくに従業員の活用として重要なポイントとなる女性の活用についてお話ししたいと思います。

女性の活用というと、国の政策としてもいろいろいわれていますし、もう十分に考えているよ、と思われている社長さんも多いかもしれません。

でも実際はどうでしょうか。「頭ではわかっているけどね、そうはいっても現実はね…」という社長さん、けっこうおられるのではないかと思います。

女性が安心して働くことのできる職場づくりを考えるとき、社長さんにまずわかっておいてほしいのが、女性問題を考えるときは、３つの方向からの「無意識のバイアス」が働いているということです。

「無意識のバイアス」（アンコンシャス・バイアス）というのは、自分でもふだん意識していない偏見や思い込みのことです。

例えば、いつも会っている人でもふとした会話や行動で「へえ、意外だ」と感じることはありませんか？「この人って料理するんだ」とか、「へえ、運動苦手だったんだ」とか。いわゆるギャップに驚かされるという状態ですが、これは、その人の知らない側面を見たから驚いたのではなく、「この人はこういう人のはず」と思い込んでいたから、そうでない状態を見たときに意外だと感じるのです。この「こういう人だ」と思い込むことを無意識のバイアスといいます。

無意識のバイアスは、人間がコミュニケーションをとる上で不可欠の認知能力ともいえます。目の前にいる人がどのようなことを考えてどんな行動をとりそうか、まったく予測がつかない中では身動きできませんし、膨大な情報処理が必要になります。

そこで、男性だったら概ねこう考える、女性ならこう動く傾向がある、子どもなら、老人なら、この国の人なら…というように、見た目の特徴から思考や行動を類推し、初対面でもとりあえず動き出しやすくするために、これまでの経験をもとに頭の中にフレームを設けているわけです。

このように、無意識のバイアスはコミュニケーションを円滑にするために備わっているともいえるのですが、これが強く固定してしまい、意識にのぼらなくなって「そういうものだ」とそれ以外の状態を受け付けなくなってしまうと問題です。とくに日本は歴史的背景やこれまでの経済活動などから、「男性らしく」「女性らしく」というジェンダーに関する固定観念がとても強く残っているといわれています。

この無意識のバイアスを完全に払拭することは難しいでしょう。でも、私たち一人ひとりがこのような偏見を持っているのだと自覚することはできます。これだけでもかなりの前進です。

このバイアスは、大きく分けると3つの方向で考えることができます。ひとつめは働く女性をとりまく人たちからの視点、ふたつめは働く女性同士の視点、最後に働く女性本人の視点です。職場の中でこの3つの方向から無意識のバイアスがかかり、「女性には無理」「女性だから非効率」「やはり女性だとだめだ」という評価がまるで客観的な事実のように広がることで、さまざまな働きづらさを生み出していきます。

例えば「女性だからこの業務は無理」ということがあります。たしかに実態として体格的に難しい仕事もあるかもしれません。しかし男性でも華奢だったら無理なこともあるでしょうから、身体能力や知的能力は性差ではなく個人差で判断すべきです。それでも、女性が「男勝りの」仕事をすると「女のくせに」となってしまいます。

そのほかにも、女性は結婚や出産、育児、介護のたびに仕事より家庭をとるから大事な仕事は任せられないという声も聞きます。たしかに、現代医学上、出産だけは女性特有といえますが、その他のイベントは女性だけのものではないはずです。それなのにこうした声があたかも客観的な事実のように扱われ、女性は「仕事」か「家庭か」という選択を迫られたとき仕事を選べないからだめだという論法で「女性には無理」と、管理職や重責に就く仕事を任せない。これは立派なバイアスです。

そして、このバイアスによる働きづらさは、男性側からの「これだから女性はだめだ」という評価だけでなく、女性同士での「仕事を蔑ろにするから他の女性にしわよせがくる」といった足のひっぱりあいや、本人自身の「そんなに責任を負わされても困る。私にはできるはずがない」という尻込みにも現れてくるのです。

こうした状況は、どうやって変えていけばよいのでしょうか。職場で女性が生き生きと輝いている会社の社長さんを見ていると、女性である前にひとりの人物としてどうであるかをしっかりと見ておられるように感じます。

ひとりの人間としての能力や考え方、価値観をまっすぐに見ているので、女性だからという思い込みが少なく、能力に応じた適材適所に配置する提案ができます。また、本人からの申し出や辞退といった行動に対し、価値観を尊重した上で、本人自身が無意識に持っている思い込みを取り除いて支援しようとしています。

このあたりに、女性の活躍する職場づくりのヒントがあるのではないかと思います。

女性の持っている能力をチャンスにする

なかなか一筋縄でいくものではないでしょうが、社長さんには率先して従業員に働きかけ、性別ではなく個人の持つ能力でいちばん業務に効果がある人材活用を目指してほしいと願います。

そうはいってもうちでは無理、まわりでもまだやっているところがないとお考えかもしれませんね。でも見方を変えれば、先に着手すればするほど他より雇用条件がよくなり、それだけ良い人材確保ができ、定着する可能性があるということ。まずは社長さん自身の思い込みを裏返して、女性の能力をすくいあげていきましょう。

一般的な傾向にはなりますが、女性特有といわれている能力特性があります。それは次のようなものです。

①会話する能力に優れている

女性は、自分と関わる人たちの全体の状況を見ながらものごとを進めたり、さまざまな作業を一度に進行させたりするのが得意な傾向にあります。このため、人やスケジュールの調整、段取りの変更などに強く、プロジェクトの進行を支えるのに向いている人が多いといわれています。

②我慢強い

典型的なのは出産時の強い痛みへの耐性でしょうか、全般的に痛みに強い傾向があるといわれています。また月経に代表されるようなホルモンの変動による体調変化とのつきあいなどもあり、危機的な状況になったときでもパニックになりづらく、冷静に状況を見て優先順位をつけ、行動しやすい傾向があります。このため、プロジェクトの進行に問題が発生したときも、粘り強く最適解を探し、結果を残そうとする人が多いといわれています。

③やる気を与えるのが上手

女性は言葉そのものの内容よりもその文脈がもつ感情的な要素を汲み取る能力が高く、また対話のなかでの共感力も高い傾向にあるため、プロジェクトに関わるメンバーの心情を読み取りながらその気にさせていくムードメーカーのような役割も得意な人が多いといわれています。

これらの特性はある意味「ポジティブな思い込み」といえるかもしれません。すべての女性に備わる能力というわけでないにせよ、本来女性にも組織のリーダーとしての資質が十分に備わっているはずで、男性も女性も得意な能力を活かして人を統括するポジションに就けば良いのだということが見えてきます。

でも実際は、なかなか女性の管理職が増えません。帝国データバンク「女性登用に対する企業の意識調査」（2018年）では、少しずつ増えては来ているものの、平均すると課長級以上の管理職はたったの数パーセント、1割にも満たない状態です。冒頭でお話しした「無意識のバイアス」による職場での女性の働きづらさが原因となり、女性の管理職への登用が阻まれてしまっているのです。

この状況を打ち破るには、ふたつの「働きづらさ」を解消していくことがポイントになります。

まず、「やりたいのに任せてもらえない」という働きづらさ。女性は結婚や出産、育児、介護によって仕事から離脱する、中途半端な関わり方しかできないといったバイアスにより、責任ある管理職を任せるわけにいかないという評価で、女性本人には意欲があるのに登用されないという場合です。

これについては、まずはトップの意識を変えていただくことが必要ですが、その上で、ライフステージの変化ごとに仕事から離脱せざるを得ない環境の問題を改善していく必要があります。本人の問題というより、労働環境の整備です。制度やサポート体制を充実させていくことで、任せていける範囲が格段に広がります。制度などの環境整備については、後段に詳述します。

つぎに、「やりたくないのにやらされる、期待される」という働きづらさがあります。これは、本人が望んでいないのに責任あるポジションに就けられてしまったという場合もあれば、本心ではやりたくなかったのに手を挙げざるを得ない空気になっていたという場合があるかと思います。本人自身が持つ無意識のバイアスが影響している例といえるでしょう。このような場合、態度が後ろ向きになりがちで、積もり積もって会社への逆恨みにつながったり、業績が伸びず「やはり女性はだめだ」という偏見の強化が進んでしまったりしかねません。

本心はどこにあるのだろうなんて遠くから気遣っていたら、他人に仕事を任せるなんてなかなかできないですよね。ただ、日頃から従業員の考えていることをよく聴こうとしている社長さんのところは、従業員のみなさんも社長さんを信頼しておられます。普段から自分の考えをもって社長さんに伝え、社長さんも一緒になって最善の働き方を探しているため、トラブルにならないのです。けっして無謀な話をしているわけではありません。

それから、これは男女関係なく、管理職としてのふるまいについてはやってみなければわからないところが多々ありますから、職につけた後「あとは自分で考えろ」と放置するのではなく、彼らが何を目標とし、どうしていきたいのかに目を配り、結果を出しづらそうにしているときはサポートすることが大切です。やる気が空回りして独り相撲をとってつまずき、潰れていくことがないようにしてあげてください。

やってみたいという気持ちは本当に大切です。初めはやれるかどうか自信がない人がほとんどでしょう。「失敗してもいいからやってこい！」と送り出してあげてくださ い。そして、いざというときの責任は会社がとる、後ろについているから安心しろといってあげてください。こうして少しずつ勉強し、ステップアップすることで自信がついて、すばらしい人財へと育っていくのです。

「マタハラ」はなぜ起きるのか

女性に対する職場の問題というとすぐに思い浮かぶのはセクシャルハラスメント、いわゆる「セクハラ」ではないかと思います。実はハラスメントは30種類以上もあります。その中で今回ご紹介したいのが「マタハラ」、マタニティハラスメントです。比較的最近のことなのでなじみが薄いかもしれませんが、平成28年3月に男女雇用機会均等法の改正で「妊娠・出産等に関するハラスメント防止措置義務」が新設され、平成29年1月から施行されています。

マタハラは、妊娠や出産、育児をした女性に対して「迷惑」「辞めたほうがいい」といって制度を利用しづらくさせるような嫌がらせを指します。かつては経営者からいわれることが多かったのですが、最近は上司や同僚から受けることが多くなり、同じ女性同士でのトラブルも増えています。

このマタハラへの対応策として、ハラスメントは断固として許さないという社長さんの考えを従業員に知らせ、制度そのものの周知と理解を図ること、相談できる窓口をつくること、相談を受けたら迅速に対応することなどが義務付けられています。

実際にどのようないい方が対象になるのか例文が欲しいと、いろいろな社長さんから問い合わせを受けています。例えば、次の発言のうちどこまでがハラスメントだと認定されると思いますか？

「他の人を雇うから辞めてくれ」「正社員の仕事が無理ならパートになれば？」「次の査定では昇進できないと思っておいて」「育児休暇？本当に取る気なの？」「忙しい時期を避けるべきだった」「短時間勤務にすることで周りにどんな影響があるか考えて欲しい」「いつ休むかわからないとこの仕事は無理だね」「他に面倒みる人はいないの？」「病院は休みの日に行けるよね」「早く帰ることができる人はいいね」

実は、ここに挙げた発言はすべてマタハラです。男性でも育児休暇を取ろうとしたときに受けることがあります。男性の場合は「パタハラ（パタニティハラスメント）」と呼ばれます。

ハラスメントは、発言の意図とは関係なく、受けた本人が嫌だ、嫌がらせだと感じれば認定される可能性が十分にあります。あまり気を遣いすぎるとコミュニケーションそのものが取りづらくなってしまい、本末転倒ですが、日頃からの関係性を良好にしておき、相手が変われば受け止め方も異なることをよく知っておくことが大切です。

例えば、良かれと思って妊婦さんを軽作業に回したり仕事量を減らしたりしてあげたら、本人は仕事をとりあげられたと感じて訴えられた場合、マタハラと認定される可能性があります。大切なのは意思疎通。本人の意向をきちんと聞いて、合意をとって進めなければなりません。

そして、単に上司を教育したりルールを決めたりするだけでなく、いじめのような状態が発生しない会社の体制をつくっていくことが重要です。単に禁止するだけでなく、文句が出ない環境をつくっていく必要があるのです。

言葉より環境です。どのような状況があるからいじめが起きているのかをはっきりさせていき、環境面から整備するのです。人が不足するなら派遣会社などを利用し、人員を補充する手もあるでしょう。また賃金負担を少なくする助成金もあります。育児休業や時短勤務で人手不足になった代わりを確保しているか、特定の人に仕事量が偏っていないか、常に確認しておきましょう。

女性にしかできない出産は、やはりもっとも大きなイベントです。また育児についても、子どもはすぐに熱を出すなど、託児所からしょっちゅう呼び出されますし、数年間はまとまった仕事の時間をとることに支障が出る場合もあります。男女の機会均等を、男性側にあわせていく気持ちも大事ですが、女性にしかできない出産とそれにまつわる状況についてもっと周囲が理解し、制度や体制面で支えていかないと、人材の確保はうまくいかないのです。

出産は女性従業員ご本人しかできないことです。ただ、育児は他の人でもできます。周りの人みんなで育てていくものだという意識が浸透すれば、もっと職場も社会も変わってくるのではないかと思います。

実際のところ、ここ数年、孫の世話をするおじいさん、おばあさんが増えていることも感じています。同居しているわけでないのに保育園の送迎をしたり、自宅で預かって食事をとらせたりと、相当協力されているようす。孫の面倒を見るのが生きがいになっているのかと聞いてみると、一様に「疲れる」「大変」とおっしゃっておられます。それでもこのようなサポートがあるのとないのとでは大違いです。誰の協力も得られず孤軍奮闘しておられる女性の方も大勢おられます。待機児童ゼロなら万全？とんでもありません。

働く女性は、本当に疲れています。育児、家事、仕事。すべてがのしかかっています。もっと社長さんには、出産や育児に対する協力を積極的に考えて、我が子を育てるように受け止める会社の制度を本気で考えてほしいと思います。将来を見通した雇用が重要です。女性は本気だと分かれば、必ず応えてくれます。

3割になれば会社は変わる

制度面の話でいうと、環境整備はとても重要です。環境が固定観念を変えていくといっても過言ではありません。

「黄金の3割」という言葉があります。アメリカのハーバード大学ビジネススクールのロザベス・モス・カンター教授が提唱する理論で、構成比の3割を少数派が占めると意思決定に影響力を持つようになるというものです。3割に届かない場合、現状維持の力が強く働き、変化が起きにくいとされています。

また、スイスのビジネススクールＩＭＤの教授で組織行動とリーダーシップを専門とするギンカ・トーゲル教授は、著書「女性が管理職になったら読む本」のなかで、組織内で占める割合が15％程度のときは「トークン（象徴）」と呼ばれる目立った少数派と認識され、25％程度になると「女性にもいろいろいるのだ」という認識が芽生え、35％程度になると少数派という認識がなくなり、性差ではなく個体差として属性の違いを意識しなくなるとしています。

つまり、3割を超えるあたりが、固定観念を変えていくティッピング・ポイント（一気に全体へ広まるきっかけとなる閾値）といえるわけです。

女性の活動に関する政府目標に「2020年に指導的地位に占める女性の割合を30％にする」という数値目標があるのですが、これも3割。意識が変わるから構成比が変わっていくのではなく、構成比が変わるから意識が変わるのです。まずは女性の比率を3割にしていくことが重要というわけです。

事例 08

次々と女性を採用して成功した工場

製造業のT社では、これまで従業員は男性ばかりでしたが、あるとき女性を採用することになりました。大勢の男性従業員のなかに、女性従業員がひとりという状況は、当初は花が咲いたような雰囲気で目立っていた。しかし、その後に次々と女性従業員を増やしたところ、工場内に思わぬ変化が起こり始めました。それは、工場内が常に整理整頓されるようになったのです。

これは女性従業員が整理整頓を心がけただけではなく、これまで働いてきた男性従業員も意識して取り組むようになりました。さらには、従業員の多くが清潔感ある服装となり、言葉遣いや態度も和やかになりました。また、整理整頓されたことで安全面も充実させることができました。そうした結果、生産性も大きく上がることになり、従業員からも「働きやすい工場になった」と喜びの声があがっています。

ワークライフバランスは仕事と生き方の調和

比率という点でもうひとつ。最近よく聞かれるようになったものとして「ワークライフバランス」という言葉があります。次の章でお話する「働き方改革」にも関係してくるのですが、このワークライフバランスの意味合いをけっこう誤解されている方が多いと感じています。

「バランス」という言葉のイメージからなのかもしれませんが、よくあるのが「仕事とプライベートをきっちりと分けよう」という考え方ですね。例えば、仕事8時間、プライベート8時間、睡眠などに8時間とか。仕事7割、生活3割とか。比率で表すことが多くありませんか？

実は、ワークライフバランスは比率ではないのです。比率にしてしまうと、どちらかを削ってどちらかを増やすという考えになります。仕事を犠牲にして従業員の生活を充実させるとか、その逆とか。これだとマイナスのイメージしか生まれませんよね。

ワークライフバランスの本来の意味は、仕事と生活の調和。相乗効果です。例えば、仕事で成果を上げるための成長やスキルアップにつながることを生活の時間の中で身につけてもらう。それにより、仕事がより短時間で効果的にできるから、生活の時間を長くとって充実させることができ、ますますスキルアップにつながる。そうした相乗効果を狙うものなのです。決してどちらかを犠牲にして時間を削ることではありません。

極端にいえば、仕事一筋でもいいのです。さらに仕事を充実させるために、仕事以外の時間でもっと何かできませんか？ スキルアップとか、持っている能力の開花とか、相乗効果につながる時間の確保を、会社もバックアップしますよ、ということなのです。

このあたりの誤解が強くて、前半でお話ししたような「女性は仕事か家庭かを選択しなければならなくなったら家庭を選ぶから仕事は任せられない」というバイアスにつながってくるわけです。

ワークライフバランスを進める社長さんの会社では、3つの側面で大きな効果を上げています。ひとつめは、女性の従業員の定着。女性リーダーの育成や活躍も期待できます。ふたつめは、優秀な人材の確保。企業イメージが良くなるので、良い人材が集まりやすくなります。最後は、従業員のモチベーションアップによる生産性の向上。仕事と生活の相乗効果がしっかりと表れています。

どんなことをしているかというと、日本のワークライフバランスは、大きくふたつの要素にわかれています。ひとつは「ファミリーフレンドリー」という言葉でも表される育児や介護と仕事との両立支援を進める制度の整備で、もうひとつは性別に関わらず能力を発揮できるよう、評価や待遇での差別を受けない機会の均等です。今は男性にもワークライフバランスが必要とされています。独身でも親の介護問題がありますから、安心して休める、また戻ってくることができる、制度を利用しても昇進などの機会を奪われないというのは大きなポイントです。

具体的に行われていることでは、時短勤務やフレックス勤務、育児休業、在宅勤務などです。残業禁止も一時期流行ってはいたのですが、禁止するだけだと意味がないことがはっきりしてきて、残業要因を分析して対策をとることが重要になっています。あとは福利厚生も最近また人気が出てきています。心と体のバランスをとると生産性が上がるということに気づき始めていて、ジム通いや新しい資格取得、セミナー受講などの支援を会社がバックアップするようになってきています。

こうした環境の整備は、なぜ必要なのかをしっかりと社長さんのほうから管理職の方々へ伝えていかないと、従業員を甘やかすだけだと反発されて浸透していかないということもしばしば起きます。たとえばひとつの部署で試験的に導入して結果を出してみるというのもおすすめです。実際にモチベーションや生産性が上がるなどの成果が出れば、会社全体としての取り組みも進みます。国からの助成制度なども効果的に活用できるよう、始めのころは私たちのような専門家を上手に活用しながら、定着するまでぜひ積極的に取り組んでいただきたいところです。

賃金格差を解消できる環境をつくる

制度の面で避けて通れない問題のひとつに、賃金格差があります。

かつては、できるだけ男性の従業員に長く働いてもらい、女性は補助的な作業で結婚すれば退職するというのが主流でしたから、世帯主になる男性に住宅手当や家族手当をつけ、女性が専業主婦となって家庭にいても年金や社会保険の扶養家族となって生活できるように配慮されてきました。当然、昇進も男性が有利になります。必然的に男女の賃金には大きな差が生じるようになりました。

1985年に男女雇用機会均等法が制定、翌年より施行されて以来、男女の取り扱いに関する機会を均等にする整備が進み、同じ職種で働く限りにおいては格差がほぼなくなってきています。ただ、実際のところではさまざまな格差が残っているのが現状です。

その背景には、女性はいまでも結婚や出産を機に退職することが多く、いったん収入のピークが終わってしまいます。また、就労を続けていたとしても、事務職や軽作業の職務が多くて管理職などの役職に就く割合が低いことや、パート勤務や契約社員などの非正規社員の割合が多いため、全体として1人当たりの収入は低くなってしまいます。

さらには、従業員側の都合としても、夫の扶養内でおさめたいという希望者が依然として多いことがあります。高い社会保険料を払いたくないので、社会保険上の扶養範囲とみなされる「年収130万円の壁」は超えたくないというわけです。

現在、国は所得増からの消費増で景気を上げようとしているため、毎年のように最低賃金が引き上げられています。ところが、賃金が上がるとパートは働く時間のほうを減らしてしまうのです。会社からすれば、出ていく給与額は変わらず勤務時間が減るわけですから、実質上、人が減っているのと同じこと。人手不足に拍車がかかっているのです。

実は、社会保険の「壁」は少しずつ崩されていて、現在では従業員500人以上の企業では年収が130万円を超えても社会保険を適用されることがあります。少しずつ条件が厳しくなってきており、いずれ制度自体が撤廃されるでしょう。そうなると扶養範囲にこだわって労働時間を短縮させる必要がなくなるため、女性従業員の働き方も変わってくるのではないかと思います。

このような制度の動きも確認しながら、将来を見越した賃金体系を検討しておくことをおすすめします。

休暇の取得が自由にできる雰囲気にする

制度面でのもうひとつのポイントとなるのは、休暇の取らせ方です。年次有給休暇と同じで、いくら制度として設定していても、休暇が取得できなければ意味がありません。

例えば、子の看護休暇という制度があります。小学校就学前のお子さん1人につき年間5日、（2人以上の場合は10日）を限度として病気やケガの看護、健康診断や予防接種を受けるために休める権利です。

そもそもどのような権利があるのかを従業員が知っておかなければならないのは大前提ですが、仮に知っていても休暇を取ったら後の会社の雰囲気が悪くなってしまうなら、誰も取ろうとしないでしょう。出産や育児の休業も、取るのが当たり前という雰囲気にしていくことが重要です。

本章の中ほどで、「3割を超えると意識が変わる」というお話をしました。休暇を取る従業員が3割を超えたら当然それなりの体制を取らなければならないでしょう。そうすると急に休む人がでても自然とカバーできる職場になって、休暇を取るのに気後れすることもなくなります。また、休暇を取る管理職の女性も自然な形で増えて、本人の能力でポジションが決まるようになっていきます。これだけ女性がいるのに選ばれないことが逆に不自然に感じるようになるかもしれません。

社長さんにはぜひ、人財の定着の要として、女性従業員の3割雇用と、制度面での支援をお考えいただきたいと切望します。

育児休暇に関するQ&A

Q 産前産後、育児休業中の給与はどうなる？

A 基本的には無給で大丈夫です。産前産後は健康保険から出産手当金が支給されます。また、雇用保険は育休開始の直近2年間以内で、11日以上勤務する月が12カ月以上ある場合、育児休業中は育児休業給付金が支給されます。

給与の全額というわけにはいきませんが、社会保険料は免除されますし、給付金は非課税のため、実質的には7～8割程度の感覚です。

Q 社会保険料の会社負担は？

A 会社負担も免除されます。

Q 会社にとってのメリットは？　助成金はもらえる？

A 助成金は各種あります。育児休業を一定期間利用させたり、代わりの人を雇ったりした場合、また復帰した者を継続して雇用した場合など、いろいろあります。

ただ、ここは助成金が入るからというのではなく、もっと本質的な会社にとってのメリットを意識していただきたいところです。つまり、会社の仕事をよく知ってスキルのある人材を失うことなく継続して雇用できる、職場で力を発揮してもらえるというメリットです。

あたりまえの制度をしっかりと利用できるよう、働きやすい環境や雰囲気、福利厚生の充実も重要ですが、このメリットはぜひ忘れないで充実させていただきたいところです。

Q 育児休暇中の注意点は？

A 1年以上の長期の休業は、休んでいる従業員本人も復帰後が不安になるでしょう。休業開始前に、休業中の連絡手段や、定期的な仕事の内容確認の方法や時期、体調や近況報告なども含めた連絡の取り方など、職場復帰した従業員が浦島太郎のようにならない配慮はしてあげて欲しいです。

5

「人に困らない」会社と働き方改革

Chapter5

2019年4月に施行となった働き方改革。多様な働き方を推進する方針に対し、会社側からは対応に戸惑う声も聞こえてきます。この章では働き方改革の中身と背景にある生産性向上に関すること、外国人技能実習制度などダイバーシティへの取り組みに触れるとともに、働き方改革を活かした施策を提案しています。

働き方改革って何？

働き方改革とは、多様な働き方が可能な社会を目指す取り組みの総称で、政府が重要政策のひとつと位置づけています。２０１８年６月29日には「働き方改革を推進するための関係法律の整備に関する法律」が可決・成立し、２０１９年４月１日に施行しました。

改革の中身としては①長時間労働の是正②正規／非正規雇用の処遇に関する格差の解消③多様な働き方の実現――を柱としています。①と②については、従来から議論をされてきたものであり、本書をお読みのみなさまには、「何度も聞いてきた」内容といえます。これは、もちろん大切だから再び盛り込んだということもありますが、逆説的にいえば「従来から掲げてきたが、やっぱり実態が変わっていないから再び盛り込んだ」とも考えることができるでしょう。そういわれれば、実感がある方も多いのではないでしょうか。

一方、③の多様な働き方というものは、社長さんにとってもピンと来る話ではないと思われるかもしれません。「ただ労働者のわがままを認めただけじゃないか」という声も聞こえてきそうです。しかし、そんな声に少しでも共感した方は、要注意です。労働者の多くは、「今と同じ会社でずっと働き続けられる」という安心感を持っていないのです。

それは社長さんが悪い、会社に問題があるということではありません。日本は直近10年を振り返っただけでも、何百年に一度といわれる自然災害に何度も襲われ、想像を絶するような凶悪犯罪も起こりました。さらに世界経済も不安定であり、未来の生計に直結する年金制度も不透明な点が多いという有様です。こんな現況を前にして、ある人は複業をして収入を増やし、またある人は投資をして資産形成を始めています。これまで専業主婦だった人が家計を助けるためにパートを始め、定年を迎えたシニア世代の人がフリーランスで起業するということもめずらしくなくなりました。そうした多様な働き方に自分の価値観を押しつけるのではなく、社会全体が「自分らしく働く人を応援しよう」「いろいろな働き方を、自分自身で選択できるようにしましょう」という改革なのです。社長さんや会社がこれに共感し、多様な働き方にあわせた雇用形態で受け入れができるかどうかが今後のポイントとなるでしょう。

それでは、働き方改革の中身について、詳細を見ていくことにしましょう。まずは①の長時間労働の是正です。みなさんご存じの通り、会社は1日8時間、週40時間という法定労働時間が決まっています。これを超える残業や休日出勤は本来、「時間外・休日労働に関する協定届（36協定）」を労働基準監督署に届け出ることが義務づけられています。

ところがこれまでは、労使間の合意さえあれば労働時間を無制限に延長することができました。その慣習がいまだに続いており、いまでも多くの会社で、当然のように時間外労働が続けられています。そして残念なことに、いつになっても過労死や働き過ぎによる痛ましい事故が後を絶ちません。

しかし働き方改革によって、今後は時間外労働に上限が定められるようになります。中小企業には1年の猶予期間があるものの、早急に長時間労働を是正できる体制を構築しなければならないでしょう。「そのうち改善しよう」「他社がやるまで様子を見よう」と思う社長さんもいるでしょうが、次の事例のようにできることから取り組むことをおすすめします。

事例
09

お客様の動きを分析し、勤務中のムダを排除する

飲食店を経営するS社のあるお店では、1日単位でシフトを組み、従業員が働いていました。店の営業時間は10～22時ですが、開店前の仕込み、また営業後の清掃や後片付けを含めると、休憩を除いても12時間近く労働していることが常態化していました。また、休日も週1回しか取れない状態でシフトが組まれていました。

こうした現状を社長さんも知っていましたが、「従業員は会社のためにすべてを捧げて当たり前」「ほかの人は文句ひとつ言わずに働いている」と改めようとはせず、それを入社後に知った従業員が短期間で離職してしまい、なかなか従業員が定着しない状態が何年も続いていました。

その後、筆者である私が偶然にもS社と契約を結ぶことになりました。そして従業員の勤務状況を知った私は、業務体制の見直しを提案。具体的には、労働時間の短縮と休日を増やすための施策でした。

まずはお店の状況を細かく見ていくと、お客様の入り具合にムラがあることに気づきました。そもそも忙しい時間帯には正社員に加えてパート従業員が勤務していましたが、このパート従業員の勤務時間を少し調整することで、正社員の休憩時間を増やしたり、場合によっては半日だけの出勤にしたりして休日を増やすことができました。

これを機にS社のお店は、シフト自体を時間単位で組めるように変え、従業員が効率良く勤務できるようにしました。結果、従業員にとっては適正な労働時間と休日を得ることができるようになり、会社もトータルの人件費を抑えることができました。

次に②の正規／非正規雇用の処遇に関する格差の解消について考えましょう。この言葉も昨年あたりからニュースで聞くようになったと思いますが、「同一労働同一賃金」制度が２０２０年４月１日にスタートします。これは同じ会社で、同じ職種で働いている従業員が、正社員やパート、派遣といった雇用形態の違いで賃金や福利厚生といった待遇に格差が生じることを解消しようというものです。

賃金の格差がないとなると、とくに社長さんは「なんとなくもったいない」「余計に賃金を支払わなくてはならない」とネガティブに受け止めてしまいがちです。ただ、これを「パートやアルバイトで働く従業員のモチベーションアップにつながる」「より良い人材の確保・定着を図ることができる」「人件費を増やさないよう労働時間の見直しができる」と視点を変えれば会社にとってプラスになるといえます。そしておのずと生産性の向上が期待できるはずです。

働き方改革を実現させるための生産性向上

そして③の多様な働き方の実現です。日本は2065年に、人口が8,135万人程度にまで減少すると予測されています。社会の担い手は以前よりずっと少なくなり、このままでは経済発展も見込めません。政府はこれをなんとか食い止めようと「1億総活躍社会の実現」を掲げ、国民一人ひとりが職場、家庭、地域で活躍できる社会を実現しようとしています。今回の多様な働き方というのもこれが関係していて、多様な働き方を認めることで労働生産性を高めようという狙いもあります。

労働生産性を示す1人当たりGDPは、OECD（経済協力開発機構）加盟国35カ国のうち、日本は22位と低い位置にあります。しかも主要7カ国の中では最下位です。

1人当たりGDPは「1人の労働者が生み出す成果」であり、労働者数を労働時間で割って算出します。日本の数値が低い要因としては、労働者の高齢化による生産性の低下、比較的売上が低い産業に労働人口が偏っていることが挙げられており、今回の働き方改革を機に労働者一人ひとりの生産性を高める施策を行わなければならないのです。

ちなみにOECDの加盟国は欧州を中心としていますが、多くの国は少ない労働力で、かつ休日を取得しながらも各社が一定の売上を確保できています。これも理由を一概に言い切れないにしても、生産性の高さがあってのことでしょう。

「そんなことはわかっているし、うちの会社はすでに生産性を高めようと取り組んでいる！」という社長さんがいるかも知れません。限られた労働力で売上を伸ばすためには、生産性を上げるというのは基本中の基本ですから、何もやっていない会社の方が少数でしょう。しかしながら、実際は号令をかけるだけで、具体的なアクションは従業員に考えさせている、というケースが多いように思います。会社として取り組むならば、従業員がどんなアクションを起こしているか、すべての従業員が意識を持っているか、就業時間の見直しや生産性向上のためのミーティングといった組織としてアクションを起こせているかなど、できることはまだまだあるように思います。

賃金ではなく、人という視点でダイバーシティの取り組みを

働き方改革による成果が顕現してくると、働き手は増え、さらに労働生産性も高まることで、各種の産業界は活性化することが期待できます。しかし、さらに潜在的な労働力を引き出すには、会社の規模に関わらず、ダイバーシティの取り組みを加速させなければならないでしょう。

ダイバーシティとは、もともとはアメリカにおいて、社会的マイノリティーの就労機会を拡大させるという意図で使われ始めました。日本では２０００年代に入ってからこの言葉が知られるようになり、アメリカより幅の広い、多様性という意味合いで使われています。

ここまでに綴った多様さといえば正社員と対比して記述した契約社員や派遣社員、

パート、アルバイト、フリーランスなどがありましたが、ほかにもアウトソーシング（外部委託）、在宅ワークという働き方もあります。さらに今、注目されているのが、障害者雇用と外国人技能実習制度の活用です。

障害者雇用

障害者雇用促進法によって、すべての企業が、全従業員のうち一定の割合で障害者を雇用することを義務づけられている。2018年には身体・知的の各障害に加えて、精神障害も対象となった。また今後は、2020年に障害者の法定雇用率を引き上げることが決まっており、さらなる雇用者数の増加が見込まれている。新しい動きとしては、既存事業での雇用だけでなく、障害者雇用を前提とした新事業・新会社の設立に動く企業も出てきている。

なお、障害者の雇用については「障害者雇用納付金制度」というものがある。一定数以上の従業員が働く未達成企業は相当する金額を国へ納付する一方、障害者を雇用する企業には調整金や報奨金、設備などを導入する際の助成金が受けられる。

外国人技能実習制度とは？

国際貢献を目的として、開発途上地域の外国人を一定の期間（最長5年）、日本で受け入れを行い、ＯＪＴを通じて技能や知識を学ばせる制度。技能実習生の受け入れができる職種、作業範囲は法律で決められている。受け入れのほとんどは団体管理型と呼ばれる方式をとっており、日本の監理団体が実習生を受け入れ、傘下の企業で実習を行う。この監理団体は非営利であることが要件であるため、技能実習生の受け入れを希望する企業の多くは、監理団体に所属する形を取っている。

ほか技能実習生とは別に、専門性が高い人材（高度人材）にも在留ビザを発行し、各種産業で活躍している外国人も増えている。

外国人技能実習制度については、国や産業界が積極的に動く反面、マスコミ報道ではネガティブな話題が頻繁に取り上げられています。いろいろな立場で見方が異なるため言及は避けますが、受け入れる会社側が、技能実習生をどんな気持ちで迎え入れ、実習をさせているかが大切だと考えます。話す言葉も文化も違うということを承知して受け入れるわけですから、人としてどうか、人間同士でどう接していくかを考えていくことができれば、マスコミの報道内容も変わってくる気がしています。

さて、これらの多様性を認め、ダイバーシティへの取り組みを加速させることで、会社ではどのようなメリットが生じるのでしょうか。まず最たるものは、従業員の確保でしょう。人事・総務といった管理部門は相応の負担増となるかも知れませんが、会社は人がいるからこそ売上が立ち、利益が生まれます。単に有料広告やコンサルタントを活用して求人コストを投じるよりも、多様な働き方を認め、働きやすい環境を整える方が得策といえるでしょう。

ほかにも生産性や労働環境の向上、新しい視点からのビジネス創出といった点も期待できます。さらには「多彩な人材が働ける会社」という付加価値にもつながることでしょう。

社労士とともに、自社でも「働き方改革」推進を

日本の労働人口は、2017年時点で6720万人。近年は65歳以上のシニア世代、女性の就業機会が増えているため増加しているようです。しかしながら、長期的には減少していくことは想像に難くなく、現時点でも多くの会社が決められたパイを取り合うように、コストを投じて求人活動に奔走しています。

こうした中、さらに政府は働き方改革なる新制度を提唱しました。ただでさえ本業が忙しい社長さんにとっては、決してありがたい話ではないと思います。しかし、これをネガティブに捉えて「ここまではグレーだ」とか「このやり方はNGにならないかな」と言いながら、最低限の対応にとどめてしまうのはもったいない。むしろ私は、これを好機と捉えて「うちの会社も働き方改革をやろう！」と取り組むことを提案し

ます。

好機だからといっても、社長さんがひとりで背負うことも、大がかりにする必要もありません。働き方を改革するわけですから、実際に働いている従業員と話し合い、議論を重ねていくべきです。また、ここに社労士を加えていただければ、経営側、労働者側とは立ち位置が違う第三者として意見を提示したり、参考となる他社の取り組み事例を紹介したりということもできます。さらに議論する中で労務や保険に関しての問題点が浮き彫りになれば、即座に対処することもできるでしょう。

こうした取り組みによって本当に働きやすい会社へと変化できれば、情報を知って応募する人の数は増え、従業員が離職する可能性も低減させることができるでしょう。さらには「従業員ファースト」という姿勢が会社の新たな付加価値、ブランド力にもつながるかもしれません。そして、なにより従業員は、会社のことを誰よりも考えている社長さんの姿、加えて自らの話を聞く行動に心を動かされるのではないでしょうか。そうした積み重ねによって、「従業員が、誰かに紹介したくなる」「働く日々が幸せに満ちあふれる」会社が形づくられていくものと考えています。

Epilogue

令和元年6月発表の「平成29年度分　国税庁会社標本調査」によると、日本には約270万もの法人があります。一人で複数の法人の社長を務めているケースも少なくないでしょうが、一方で個人で会社を興しているケースもあり、社長さんの数は先の数字を大きく上回る可能性があります。日本には相当数いると考えて差し支えないでしょう。

対して、私たち社会保険労務士はどうでしょうか。全国の社労士会に所属する会員数は、約4万2000人です。つまり、社長さんの数に対して社労士は圧倒的に不足しているのです。

しかしながら、現実では社長さんが投げかけるひとこと、1分もかからない所作を改めることで問題が回避できた、と考えられる事例はいくつもあります。だから、もしも周囲に社労士がいるのであれば、活用しない手はないと思います。そして人事・労務の問題をひとつでも減らし、回避していただければと願っています。本書がその一助となるのであれば、これ以上の幸せはありません。

人を雇い、会社を経営する社長さんの多くが感じ取っている通り、労働人口が減っているにもかかわらず、人にまつわるトラブルは増加の一途をたどっています。給料や残業代の未払い、職場におけるハラスメント問題、雇用契約上のトラブルなど挙げればキリがありませんが、もはやこれらの問題と向き合わずして経営の舵を取ることはできない時代に突入しています。だからこそ、専門家から助言を受けてトラブルを未然に防ぐことが重要になります。

「そんなことはわかっている！」という社長さんの声が、このあたりで聞こえてきそうですね。しかし現実として、これまでの会社は経営資源（ヒト・モノ・カネ）のなかでも、ヒトについては優先順位がもっとも低く、後回しにされてきたように思います。それがいまになって、少しずつ「このままでは、働き手がいなくなってしまう」ということに気づき、遅れを取り戻すように、労働条件や職場環境の見直しをはじめる会社が増えてきました。その陰では社労士が適切な助言を行い、社労士にしかできない業務を遂行していることでしょう。そうなれば、私たちが忙しく働く日々はまだまだ続きそうです。

さて、本書の筆を置く前に、主題である「人に困らない会社の社長像」を考えてみました。どういった社長さんなら人に困らないのか。正解は一つではないにしても、私が関わっている社長さんの姿を振り返ると、ある言葉が浮かびました。それは「個人の尊厳」です。

社長さんと従業員との間に等しく存在するのは、雇用契約でしょう。会社の利益のために労働すれば、その分だけ報酬が発生するものであり、それを授受する契約を結ぶわけです。それはそれとして、社長さんも従業員も、同じ人間ですから、同じ空間で汗を流し、一つの目標に向かって取り組むことで情が芽生え、コミュニケーションを重ねながら良好な人間関係を構築していくものです。そのうち、あたかも家族や友達に近い間柄になることもあるでしょう。それを「日本らしい、良き伝統だ」とか「素晴らしい社風だ」と自慢する社長さんもたくさん見てきました。

私自身はこれらを否定する気はありません。ただ、ごく少数ながら、こうした人間関係に甘えて、個人の尊厳をないがしろにする社長さんが一定数いることを問題視しています。今では「ブラック企業」と呼ばれていますが、こうした会社は昔から存在するのです。個人を大事にしない会社に、優秀な人材が集まるわけがありません。本当に個人を大事にし、尊厳を守るべく行動している会社だからこそ、従業員はイキイキと働き、優秀な人材が魅力を感じるのです。

従業員を大切にする社長さんは、一つ一つの行動に感謝し、ありがとうという言葉を口にしています。また、会社のために自らも学び、行動し続けています。そして従業員の意見に耳を傾け、働きやすいよう環境を整え、適切に休日を設け、労働に対しての適正な対価を支払っているのです。個人の尊厳を認めながらも、会社の最高責任者として全力を注ぐ。そんな社長さんが率いる会社だからこそ、人に困らない状況を生み出し、業績をも伸ばしているのです。

こうした会社の風土は、一朝一夕でできるものではありません。しかし、今いる従業員を大切にし、そのために環境を整えていくことが、確実に会社を良い方向へ前進させることになるのです。それがわかっていながらも、「他社はまだ相変わらず、○○をやっていない」「そんな厚遇にしたら会社が持たない」と行動できない社長さんもたくさんいますが、私は社労士として丁寧に話をしながら、関わるすべての会社が良くなるように奔走しています。

人口減少、少子化、働き方改革による多様化――日本がこれから迎える未来にとって、重要となるのは「人」です。それがわかっている一部の企業はすでに、新規事業で新たな顧客を獲得する、従業員に効率化を求めて利益を積み上げるといったことを差し置いてでも、本気で従業員の幸福を掲げて取り組みを始めているのです。

どうか本書を手にした社長のみなさまも、「人」という視点でもう一度自社を振り返っていただき、従業員の笑顔と幸福のための具体的なアクションを起こしていただければと願っています。また、そのために社労士ができることはたくさんあります。もしも「どうしていいかわからない」というときには、周りにいる社労士をご活用いただければと思います。

末筆ながら、開業してからまもなく18年を迎えます。当初は地元でのつながりも、友人・知人もゼロだった加古川の地でスタートした私が、今では地元商工会議所をはじめ、さまざまな団体のみなさまと出会い、ご縁をいただくことができました。そんなみなさまがあってこそ、今があると心から感謝しております。

また、本書の発刊は多くのみなさまから思いがけずいただくことができたご縁がきっかけとなり実現しました。とくに発刊を推薦してくださったセレピジャパン株式会社の竹内佳章社長と友人の小澤正実さん、企画や制作、販売に尽力くださった株式会社カナリアコミュニケーションズの近下さくらさん、編集者の小田宏一さんに厚く御礼を申し上げます。

そして、日本で働くすべての人が、心から幸せを感じて仕事ができる社会になっていくことを心から念願しつつ、私自身もできることをこれからも取り組んでいく所存です。

藤本静代

Profile

藤本 静代 ——— Shizuyo Fujimoto

社会保険労務士／フジモト社会保険労務士事務所　代表

兵庫県加古川市在住。神戸大学法学部を卒業後、1998年に社会保険労務士試験に合格。現場での経験を重ねながら、2002年にはフジモト社会保険労務士事務所を開設した。現在は地元・加古川にて事業展開する製造、流通、飲食、医療、美容、介護、など多種多様な業種の社長からの相談を受けながら経営をサポート。また2016年には加古川市商工会議所青年部で初の女性会長として地元の産業活性化にも尽力してきた。顧客からは「真に自社のためになる指導・助言を受けることができ、労務問題だけでなく人材獲得や業務コストの削減など具体的な成果が出る」との喜びの声が絶えない。兵庫県社会保険労務士会、一般社団法人日本産業カウンセラー協会、加古川商工会議所、加古川清流ライオンズクラブ所属。

フジモト社会保険労務士事務所
shizuyo@fujimoto-sr.com

ベテラン社労士が教える！
人に困らない会社は「〇〇」を知っている

2019年9月20日〔初版第1刷発行〕
著　　者　藤本 静代
発 行 人　佐々木紀行
発 行 所　株式会社カナリアコミュニケーションズ
〒141-0031 東京都品川区西五反田6-2-7
ウエストサイド五反田ビル3F
TEL　03-5436-9701　　FAX　03-3491-9699
http://www.canaria-book.com
印 刷 所　株式会社クリード
DTP・装丁　株式会社バリューデザイン京都

ISBN978-4-7782-0459-4　C0034